我的街頭人生

JE TAPE LA MANCHE

UNE VIE DANS LA RUE

Jean-Marie Roughol & Jean-Louis Debré
尚－馬利・胡戈爾 & 尚－路易・德布雷——著　張喬玟——譯

目錄

前言

他不是名人，沒上過頭條，我們不住在他的世界裡。然而，我們或許曾經走過他的身邊，卻不曾稍加留意，對他視若無睹；甚至在他接近的時候，別開視線或是改道而行；也可能粗魯地朝他手一揮，叫他走開，別來打擾。

他為了餬口，為了求生，向我們搖搖紙杯，期望得到一枚銅板，一點慷慨，一個博愛的舉動。

他四十七歲，至今為止超過二十年——也就是人生將近一半的時間——都在巴黎的人行道上乞討。

現在，他流連於繁華的街區。穿梭於馬勃夫街、蒙田大道的行人，香榭麗舍劇院的常客，行經碧麗熙購物中心[1]、凱旋門廣場附近的人，都可能從他的身旁走過，或是見到他的身影。

然而，他並非一開始就在這些精華地段出沒。很長一段時間裡，他都在不怎麼樣的街上乞討，在地鐵站出入口或雜貨店門前度過好幾個小時，等候「朝聖者」前來。

他曾經是遊民[2]，睡過街邊、地鐵走道、樓梯口，竊占過空屋，待過收容所，住過「黑心房東」[3]開的旅館。

他見識過夜晚的巴黎，面對過暴力，為了保護地盤而拚鬥；也在街頭結交了一些朋友，經歷了幾段患難相扶的兄弟情誼。

為了生存，他吃盡苦頭。

有個晚上，我將腳踏車停在香榭麗舍大道上的碧麗熙購物中心前。車剛上鎖，他便靠了過來，提議幫我看車，也提到他曾和我女兒在羅伯・何森[4]於法蘭西體育場[5]上演的《賓漢》舞臺劇中合作過。

有些路人認出我來，我們在旁人困惑的注視下聊了一會兒。他們似乎很驚訝，竟然看到我跟乞丐說話，看到我將時間浪費在一個鬍子沒刮乾淨、衣著不如他們稱頭的邊緣人身上。我聽見有位男士走進購物中心之前，對女伴說：「你看到了沒？德布雷在跟那個流浪漢講話！」

註1：Publicis Drugstore，隸屬於法國的廣告傳媒巨擘「陽獅集團」。

註2：sans domicile fixe，簡稱 SDF，意為「居無定所之人」。

註3：marchand de sommeil，將條件惡劣的房子以高價出租牟利的不良屋主。

註4：Robert Hossein，生於 1927 年，法國著名演員、編劇、舞臺劇導演。

註5：Stade de France，位於巴黎市郊，為一九九八年世足賽而建，是一座具有多種用途的大型場館。

這些年來，我就這樣在碧麗熙前的人行道上遇見他，聽他說話多過於對他講話。他教給我的東西，比我帶給他的還多。

有一天，我建議他把自己的故事寫下來，描述自己如何一路步向這種人生。他驚訝地看著我，沒有回答。

我很好奇，想知道他怎麼淪落到如此艱困的生活，尤其是在夜裡，或許他會嚮往另一種命運。我希望他對我敞開記憶之門，跟我談談他自己、他的家人、他街頭的朋友，打開我的眼界，把我帶入一個截然不同的世界。一個我們通常不願意看見的世界。

人總是將自己真實的一面隱藏起來；而我們每一個人的背後總是有一段故事，一段生命旅程。我很有興趣知道這些事。

我們經常遇上複製人，卻很少碰到異人。對我而言，他就是異人。

為什麼只有名人或是自詡名流的人、政治人物，以及電視、廣播和電影明星能揭露自己的過往，親自動筆或是請人代寫他們的自傳呢？對於「回憶錄」，我總是抱持戒心——無非就是舊事重提，滿足那令人無法忍受的自戀情結罷了。難道無名小卒、非新聞人物，或是政壇、媒體和名流圈子以外的人，就沒有耐人尋味的事情可以說嗎？

在那之後，過了一段時間。二〇一三年春天，他坦承對此提議很感興趣，他終於有足夠的意願為他的孩子們述說自己的人生。

我建議他將回憶寫在一本簿子上，除了他的經歷、遭遇，還要提及他的日常生活、他在街頭接觸到的男男女女、和他一起乞討的同伴。我囑咐他不要隱瞞任何事情。

「我沒讀過什麼書，一定會有一堆錯誤。」他很憂心地據實以告。

「那不重要，您有話要說，就不要去擔心文體、拼字還是什麼有的沒的，寫就對了。您想怎麼寫，就怎麼寫，就當您在說話，想到什麼就說什麼，我們再一起訂正。如果寫得好，我會找出版社出版您的故事。」我當時這樣回答。

說實話，對於自己成了這麼一號人物的「筆」，我深感著迷。

每次見到他，我都會問他這個計畫進行到哪裡了、他是不是動筆了。他總是回答有進展。我不怎麼相信，之後就不再提起這件事了。

有時是他提起這個話題：「我有進展，可是錯誤好多……」

我們的時間概念不同。我很急，他倒是老神在在。最後我把電話號碼給他，讓他寫完的時候可以打給我，然而我不抱什麼希望。

直到二〇一四年十二月二十二日，那通電話響起。當時我在憲法委員會的辦公室裡，助理通知我：「有位怪怪的先生找您，說跟您很熟。他的名字叫尚—馬利，還留了個號碼請您聯絡。」

我擔心他是不是發生了什麼意外，馬上撥電話給他。最近我去了碧麗熙購物中心三趟，每次都沒見到他。我問過店門口的警衛，對方說好一陣子沒有在附近看過他。

「我寫完了！」電話一接通，他便劈頭這麼宣布，從聲音裡聽得出一絲明顯的滿足。我們約好隔天晚上七點在碧麗熙前碰面。

那天，他遞給我三大本學生用的作業簿，露出大大的笑容說：「全在這兒了！」

他話很多，顯然非常興奮。他很自豪，也有一點擔憂，不斷提醒我他沒念過什麼書，寫的故事肯定錯誤百出。為了讓他放心，我告訴他，對我而言，重點是搞清楚他過著什麼樣的生活，他為什麼要乞討，之後我們再一起讀稿子。

我讀了他的故事，然後打進電腦裡。我沒有等到全部完成，而是進行了第一本之後，就把打字稿拿給他看。

他很高興，堅持要請我喝杯咖啡來慶祝這一步。我們在馬勃夫街上一間他常去的酒吧裡談了很久。他把經常一起乞討的朋友「老外」、服務生和酒吧老闆一一介紹給我認識。他很開心也很得意，不斷告訴他們「我們正在合寫一本書」。

我多次回到他在馬勃夫街上的據點。前幾次都能感覺到他樂不可支，滿心歡喜，我很替他高興。

我們在人行道上說話的時候，一組鎮暴警察正在執行防恐巡邏任務，隊長看見我和他在一起，問我是否碰上麻煩，需要協助。

我繼續細讀他的故事。這段期間輪到他急了，主動打電話給我。他不懂為什麼我要花那麼多時間謄寫他的故事。我只要打好字，就會把完成的那幾頁交給他。他總是驚訝地盯著它們，點點頭對我說：「很好。」我提醒他還有很多需要修改的地方，故事才會流暢可讀，他必須進入自己的最深處，更真誠地挖掘回憶，什麼都不要隱瞞。

接下來的幾個月，我們就這樣定期一起工作。然後有一天，我克服了最初的猶豫，邀請他到皇宮[6]來寫作。比起在咖啡廳見面，這裡方便舒適多了。

二〇一五年一月十五日的傍晚，為了我們在憲法委員會的第一次見面，他提早了至少半個小時抵達，臉上的鬍子刮得乾乾淨淨。他的眼神裡閃爍著好奇，不過顯然深受此地的莊嚴氣氛、牆壁上金燦燦的木板條、閃閃發光的美麗水晶吊燈震撼。我帶他四處參觀：皇宮花園、合議廳、宴客廳、薩瓦的瑪麗—克蘿蒂德（Marie-Clotilde de Savoie）的祈禱室、相傳拿破崙送給手下元帥的地圖桌。

註6：Palais-Royal，法國行政法院所在地。

我們面對面坐在我的辦公桌前，手上端著咖啡，握著筆。對我們彼此而言，這是一段難忘的時光。我審問了他很久，替故事裡的幾個段落補足細節，讓內容詳盡一點。他滔滔不絕，在記憶中搜尋任何可能勾起我興趣的事。

在第二次一模一樣的會面接近尾聲時，我把添加了新素材的稿件交給他，讓他從頭到尾重新讀一遍，更正他覺得不恰當的地方。我希望他在沒有我的情況下，獨自進行這項作業。

我們就這樣合作了好幾個月，一週又一週，定期在行政法院、馬勃夫街上的咖啡廳或是其他地方見面，修飾、深入他的故事，並增加更多的細節。我必須為自己安裝上一點耐性，因為我很快就發現到催他是沒有用的，跟隨他的步調、聽其自然比較明智。最後，他為文章畫下句點的這一天來了。在皇宮裡，我終於能大聲念出來給他聽，藉以最後一次向自己確認：我已忠實地呈現他交給我的東西。

這是他的書。

他就棲身在故事裡，這是他個人的故事。他的見證是真人實事。這本書不為譁眾取寵——我已經盡可能監督過了——它將我們拉進這些街友的日常生活之中，路人的反應經常是冷酷、帶著苛責的，但是偶爾也有意想不到的慷慨好施，而他們之間的友情真誠卻總是短暫。

這本書也告訴我們，這麼多年來，街頭世界有多大的轉變，各個幫派又是如何經營，讓乞討有方。對某些人而言，「要飯」成了一項真正的營生手段。

「街頭已經不比從前了。」他語帶懷念地向我保證。

雖然他也夢想過另一種生命，但是他這個人生由他自己來承擔。他曾經試著擺脫街頭和乞討，卻總是重返那個他所鍾愛的獨特世界。

尚—路易・德布雷

01 混亂的童年

我不曾想過我的職業會是在巴黎街頭乞討，向人要錢來過活、保命。

我不曾想過我晚上必須睡在街上、樓梯間、地鐵裡。

我不曾想過有一天必須竊占空屋，落入「黑心房東」手中……

我不曾嚮往成為邊緣人，居無定所，變成某些人口中的「流浪漢」。

變成今天這樣我自己當然要負責。是我的人生開頭沒開好。

這不是藉口，我自己就是一個證明。

●

我的名字是尚—馬利・胡戈爾，一九六八年四月十一日出生在巴黎第二十區。

我記憶中的媽媽很模糊，她叫做瑪莉—克莉絲蒂安，是個高挑纖瘦的棕髮美女，會說德語。她的職業是電子儀器組裝作業員。

我爸爸因為工作的關係，很少待在家裡。他是國際搬家工人，常常一出門就很久才回來。我記得他的卡車，一輛藍色的 Saviem。他是個魁梧的傢伙，強健壯碩，一頭黑髮。

我們住在巴黎第二十區，八里橋街四十五號一間寬闊的房子裡，四面八方都是壁櫥，有個角落是廚房，還有一座小小的陽臺。我們和十幾隻貓一起生活，牠們躲在衣櫥裡，藏匿在衣物和樟腦丸之間。

◆單獨看家

有一天，媽媽對我說：「我要出門，你一個人看家，你乖乖聽話我就給你糖果。」事實上，她似乎經常不在家。我對這個時期的記憶非常模糊，但是這件事直到今天仍然深深刻在我的腦海裡。

我不知道她為什麼要那樣拋下我，也不曉得她拋下我幾次。我覺得很多次。我的腦中還有好幾次自己心碎哭泣時的畫面。

也許她為了讓我睡覺，餵我吃了藥？我想應該是這樣。我的心臟好幾次痛到必須送醫院急診。儘管當時我的年紀那麼小，但是這段回憶太痛苦了，導致我直到現在還有那種感覺。

媽媽不在家的時候（這種情況經常發生），我的尿布很少更換，裡頭常常浸滿了大便，咬著我的屁股，讓我痛得要命。

我不知道為什麼，但是我記得媽媽把我打扮成女孩，讓我穿上尺寸過小的鞋子。也許正是因為如此，我的腳至今還在受苦。

這些就是我對母親僅有的印象。她愛我嗎？我不確定。我再也沒見過她，也不知道她後來怎麼了。

接下來就是個大黑洞，除了爸爸難得在家那一天。他告訴我：「看到你媽怎麼了嗎？」我回過頭，看見她的左膝整塊骨頭都露出來了。她很痛苦。我光看就覺得痛。對我來說，這像是昨天才發生的事。我當時還小，大概五歲吧。媽媽的膝蓋全碎了。她的痛苦烙印在我的記憶中，這個畫面至今依然經常浮現。

◆兒子，你要住到鄉下去

過了一段時間，爸爸對我說：「兒子，你要住到鄉下去。」我好高興，我只認識我們住的這條街。我深深相信自己要去看大象了。

不久之後，一位女士來接我。我記得她開的是一輛雪鐵龍 2CV。她對我很親切。我不知道她是誰，從來沒見過。她一路開到火車站。

我從火車上的車窗望出去，尋找大象的身影。那位女士坐在對面，我問她大象在哪裡。我只記得坐了很久的車，就沒有其他關於這趟旅行的記憶了。

我不知道自己要去哪裡，更不曉得什麼在等著我，但是很開心可以去鄉下。後來我才知道，那個地方是蒙貝利耶[1]。

抵達「養母」家，與這個寄養家庭初次接觸的情形，我倒是記得相當清楚。孩子們穿著白襯衫，繫著蝴蝶結。那天似乎是聖誕節前後，有一棵裝飾完成的巨大聖誕樹。他們都很親切。養母的丈夫帶我去看地窖裡的模型古董車收藏，

註 1：Montpellier，位於法國南部，地中海沿岸。

是他自己做的雷諾4CV，有各種顏色。他叮嚀我不可以碰，用看的就好。我很想拿起來玩。我從來沒看過這麼多特別的小汽車。

我和這家人一起住了大約一年。那時我應該是六歲。

接下來才是煉獄。

我被安置在米瑟雷—薩利內[2]的另一戶人家，那裡是鄰近貝桑松的一座小村莊。我覺得那棟房屋好大，甚至還有車庫、陽臺、餐室、廚房。在我看來每個地方都很寬敞，花園裡有一棵桃子樹，一樓和二樓都有廁所，還有好幾間臥房和一間浴室。

這對夫妻有個女兒，名叫瑪莉—克蘿德，還有個叫做克里斯多夫的兒子。他們家已經收留了法依德，跟我一樣是寄養兒童，年紀比我大，住在那裡很久了。我想他是被父母遺棄的。

到了那裡，養母說我應該叫她「阿姨」。

頭幾天過得很順利，我在離家很近的學校上學。

過了一段時間之後，「阿姨」講話開始變得凶巴巴，不斷對我大小聲。我總是在哭。菜色也不一樣了，只剩下一點點加了散蛋黃的牛奶和硬梆梆的麵包。偶爾可以吃到一種像粗麥粉的東西，她說那叫做「波倫塔」[3]，是她祖國義大利的特產。我自己睡一個房間，裡頭有一座衣櫥和一張床，沒有玩具，也沒有小車子，沒有玩偶。

克里斯多夫和瑪莉—克蘿德幾乎從來不跟我說話，他們的年紀都比我大。所

註2：Miserey-Salines，鄰近法國東部貝桑松區（Besançon）的小鎮。

註3：Polenta，義大利的一種傳統料理。原料是粗粉粒狀的玉米粉，加入滾水煮成糊狀，可趁熱淋上肉汁食用，或是待其冷卻後結成糕狀，搭配其他菜餚。

有人都忽視我，除了法依德。他人很好，偶爾會來學校接我，還教我防身。

有一次，他騎著他的標致 104 摩托車來。他讓我坐在腿上，兩隻手蓋在我的手上，緊握著龍頭。真的有夠棒，就像是我在騎的一樣，車速快得讓我陶醉。我此生都會記得這超酷的一刻。

「阿姨」越來越壞，有事沒事就打我耳光，把我關進烏漆抹黑的地窖，而且一關就是好幾個鐘頭。我嚇死了，一直哭。之後她會一路大吼大叫走下來，逼我上樓回房睡覺，不給我晚飯吃。

有一晚，我又被趕回房間，晚餐也被沒收了。可是我肚子很餓，餓得睡不著。等到每個人都睡著了以後，我下樓走到廚房，沒有發出半點聲響。壁櫥都上了鎖。餐室裡也有一座櫥櫃，我在裡頭找到一些開胃小餅乾、酒和一個裝糖的金屬盒。我吃了餅乾和幾顆糖，然後盡量安靜地上樓。

隔天早上她把我叫起來，我緊張得要命，以為晚上偷溜下樓的事被她發現了；不過她是為了別的原因罵我。我快速喝光熱牛奶，啃掉不新鮮的麵包，趕快去上學。可以離開家門我很高興，特別是她沒有注意到餅乾和糖不見了。

我那一整天在學校都很開心，下課和朋友一起玩。但是時間一分一秒過去，想哭的感覺漸漸變得強烈。我不想回去。我很怕。法依德來帶我回家。

「阿姨」的眼神比平常更凶狠，右手拿著一根撢衣鞭在等我。她先打了我兩巴掌，再把我拖進廚房，叫我脫下褲子，用撢衣鞭打我的屁股。她打得好用力，我痛得哇哇尖叫，求她住手。最後她告訴我，不希望再抓到我偷吃餅乾和糖，還威脅說如果我再犯，下次要加倍打我。她叫我把衣服穿好，上樓回房。我哭了好久，有一種掉進黑暗裡的感覺。

◆督察來訪視

隔天，「阿姨」叫我起床，輕聲細語地對我說話。我不知道她為什麼會突然改變口氣。我走進廚房，桌上擺著一頓豐盛的早餐，有一碗熱巧克力、一些小糕點。等我吃完早餐，她和藹地請我把桌子清乾淨，請我去洗手，接著陪我上學。

她一路上都牽著我的手，來到校門口時，親了我一下。我不知道為什麼，不過我很高興，迫不及待地等著放學。

「阿姨」在學校外面等我。她甚至看了我畫的圖，稱讚我畫得很好，還說我們要把畫掛在我的房間裡。我心裡超樂的。

回家後我吃到一頓超豐盛的點心，還第一次看電視，而且是卡通片！「阿姨」坐在我旁邊，看到我在這些螢幕上的人物前面一臉驚訝，她笑了起來。我記得她的笑聲，那是她第一次陪我一起笑。卡通播完以後，她叫我回房間玩玩具，但是我聽不懂她在說什麼——我沒有玩具啊！

我一打開房門，看到幾輛小汽車，床上還有好幾隻玩偶。我好高興。玩了一會兒，「阿姨」來找我，問我玩得開不開心，我回答她棒透了。

我的晚餐有雞肉和蔬菜泥，很好吃。我覺得好幸福，「阿姨」對我那麼溫柔，就像對自己的孩子一樣。這時她告訴我，明天會有一位太太來拜訪她，我必須告訴這位太太，我在這裡過得很好，不想離開。

隔天，她准許我去跟鄰居男生玩。他們年紀應該跟我差不多，叫做尚－法蘭西斯、尚－呂克和喬埃爾。我終於有幾個可以一起玩的朋友，而且不必怕挨罵，真是帥呆了。

「阿姨」叫我過去，那位太太來了。她問我在這裡過得好不好，看了看我的牙齒，然後問「阿姨」我是不是沒那麼緊繃了，是不是每天服藥，吃得好不好……

她離開以後，「阿姨」馬上又變回母夜叉。她拿走我房裡的玩具和小汽車，收進櫥櫃，然後上鎖。這些是克里斯多夫小時候的玩具。我再也沒得玩了。

往後的幾年，督察從來沒有回來過。我沒有跟她說實話，沒有說我怕「阿姨」，沒有提到我吃鞭子，或是被鞋子打屁股、被搧耳光的事，更沒提過我被關在地窖裡，哭了好幾個鐘頭。

◆鎮上的學校

對我來說，鎮上的學校是讓我覺得自在的地方。有一天，當時我應該七、八歲吧，我很喜歡的女老師一度被換成男老師，一切都變了樣。

課堂上沒發生什麼事。有一次，他命令我課後留校。他關上門，拉上窗簾，用凶惡的大眼睛瞪著我，指責我偷了放在養母家電視上的東西。我說不是我，我什麼都沒拿。他甩了我一個耳光，因為我不承認自己是小偷。他繼續打我，最後我只好承認有偷拿，但這不是真的。我好怕，可是我不想供出法依德，他是唯一對我好的人。

我想要逃學，逃離「阿姨」的家。我受不了了。我常常哭。

即使到了今天，這還是一段痛苦的回憶。為了一件我沒做過的事情受處罰，不公平！

聖誕節過後，朋友在操場大聊他們收到的禮物，聽得我好羨慕。我呢，什麼都拿不到，什麼禮物都沒有。我討厭這段時間，特別是老師問大家拿到什麼禮物的時候。為了跟他們一樣，我回答：「一輛小汽車。」

復活節的時候，我告訴老師我收到一隻巧克力兔子。為了跟我的朋友一樣，我撒了謊。我很難過自己什麼都沒有，跟其他人不一樣，沒資格拿到跟他們一樣的東西。

放暑假的時候，鄰居都不在家，我就跑去躲在他們的院子裡，大嗑核桃、桑葚或蘋果。很好吃。

我還記得那是七月或八月，我偶爾會和一些住在鎮上的朋友去鐵道旁的田裡和森林裡玩。我們很愛抓蜂蛇或是游蛇，用棍子把牠們趕出來，讓牠們纏繞在棍子上。我們雖然不太放心，但是玩得很入迷。

有一天，我們在灌木裡發現一樣東西，原來是一枚小砲彈。我們把它拿去給一個朋友的爺爺看。他說這顆砲彈是第一次世界大戰的東西，他也有找到過，我們挖的時候必須很小心，不要碰它，而且一定要通知他，因為他在收集。

我很喜歡抓蝴蝶或瓢蟲，放進火柴盒裡，和朋友一起數牠們背上的黑點。有人告訴我這樣可以知道牠們的歲數，黑點越多，年紀就越大。我們也捉鰓角金龜，再壓扁牠們，屍體臭得要命。

當然啦，我們也會去按人家的門鈴，一按完就跑，聽到對方破口大罵，我們都笑翻了。

冬天下雪的時候，我們最喜歡玩的遊戲是把書包當成平底雪橇。作業簿和課本都被弄得濕答答，滴著水，挨老師一頓臭罵。我們在暖氣上晾乾本子，然後她叫我們把手放在頭上，去角落罰站。

神父非常和藹，我忘了他叫什麼名字。我當過唱詩班兒童，參加了好幾次受洗儀式，我覺得很驕傲。神父會送我一袋糖果，有時候是一枚五法郎硬幣。我怕錢會被「阿姨」偷走，就把它藏在離家不遠的一棵大橡樹旁邊。有個流動小販開著一輛車殼凹陷的灰色雪鐵龍，經常來鎮上，我就把錢拿去跟他買糖果。

神父幫我做初領聖體禮。我從來沒跟他說過「阿姨」有多壞。跟神父在一起，我覺得很舒服。他真的超好。

◆爸爸送的禮物

我經常想起一段非常心痛的回憶。我不確定當時是幾歲。有一天晚上，「阿姨」說：「看看你爸寄什麼東西來給你。」她當著我的面拆開包裹，裡頭裝著巧克力、糖果、小汽車……還有一個信封。她把信封塞進口袋，然後說要把這些東西統統寄去義大利。我大叫：「不行！這些都是我的！是我爸爸寄給我的！」「阿姨」的回答就是賞我幾巴掌，命令我立刻回房，不能吃晚餐。這件事讓我印象極深。太不公平了。我哭了很久。

後來我才知道，信封裡有一筆讓她幫我買腳踏車的錢，而且，我爸爸寄過好多次包裹來，她從來沒有告訴我，也從來沒買過腳踏車。

我孤單一人，我說過了，養母的孩子很少跟我講話。大部分的時間，克里斯多夫都對我視而不見。但是有一天，我九歲或十歲左右吧，我在自己的房間裡，聽見克里斯多夫叫我過去找他。我過去了。他躺在床上，正在把玩陰莖。他要我關上門，到他旁邊。不過「阿姨」先到了，把我轟出去，然後罵了他一頓。

02 回到爸爸身邊

過了不久，「阿姨」跟我說我得離開了，我爸爸要來接我了。她又對我和藹可親了起來。

我等不及要見他。等他終於到了，我覺得幸福得要飛起來了！有個不是我媽媽的太太陪著他來，後來我都叫她「蕾歐娜阿姨」。

上車之前，我聽見養母跟爸爸說我把腳踏車騎壞了。這才不是真的！我很氣她說謊，所以哭了好久，我爸還以為是離開養母的關係。不是，是因為她說謊。我沒有騎壞腳踏車，理由很簡單，因為我根本就沒有腳踏車！

不過，我的確為了丟下班上的朋友而傷心，我只有他們這些朋友，我們很要好。

我們坐在標致504上，駛向巴黎。整個旅途上我都在看風景。抵達首都時，眼前的熙熙攘攘、噪音、紅燈、汽車、人潮，都令我目瞪口呆。一直以來我都住在非常安靜的小鎮。

對我而言，這一切都好得沒話說，而且我脫離壞養母和她的家人了。不過，最棒的是回到爸爸身邊！他跟我說話，而且關心我。

◆我的幸福回來了

我的新家位於巴黎第十九區，佩里格街三號七樓，右邊那扇門。我記得一清二楚。爸爸和蕾歐娜阿姨的房間隔壁，就是我的房間。

我經歷了一段幸福的時光，是之前未曾有過的。

爸爸和蕾歐娜阿姨家吃得很豐盛。我記得有雞肉、白醬燉小牛肉、紅酒燉牛肉……

我陪爸爸和蕾歐娜阿姨去超市買過好幾次菜，爸爸經常牽著我的手。超市裡應有盡有，對我而言，這地方真是奇妙。我已經習慣那輛一邊按喇叭宣布它的到來，一邊駛越鎮上然後停在教堂廣場前的雜貨卡車了。

對於第十九區步道街上的新學校，我也留下了美好的回憶。一開始我覺得這裡超怪，人很多，到處都是學生，我感覺有點茫然。有些人嘲笑我的鄉下口音，不過還挺好玩的。

放假的時候，我會去育樂中心，還在那裡體驗了第一次調情的滋味。我喜歡的女生住在我家對面，我已經注意她一段時間了。有一天，我跟著她去上廁所。我們在洗手檯前面，我要求她讓我看性器官，而且也會給她看我的。她猶豫了一下，最後還是照做了，我也是，然後就此打住。這件事我還記憶猶新。

爸爸成了法國高速列車在維提[1]測試中心的警衛。他帶我進去過一次，那個地方好大。他讓我見識他是如何巡邏的。他有一把鑰匙，可以打開那些被他稱為「監視器」的箱子，我很驕傲自己可以陪他進去。我以他為榮，以身為他的兒子為榮，很高興和他在一起。

有一天，他把左臂上的一道疤痕秀給我看，告訴我當他還是搬家工人的時候，救過同事一命，那個同事差一點被鋼琴壓死，不過受傷的是他。對我而言，爸爸太了不起了，我仰慕他，更是愛他。

我在家裡過得棒透了，就連和蕾歐娜阿姨的孩子們在一起時也很開心，他們經常來看蕾歐娜阿姨。我有個真正的母親，一如我總是幻想的那樣。

我並不真的認識我媽媽。我很小就寄養在別人家，她從來沒有照顧過我。我爸也絕口不提她。我再也沒見過她，不知道她變成什麼樣子。

我恨我媽媽，她丟下我，就像我是一隻舊襪子。後來，我試著打聽多一點關於她的事，但是完全沒有她的消息。

◆爸爸開始酗酒

家裡的氣氛漸漸走樣。我的年紀已經夠大，知道發生了什麼事。我爸開始喝酒。他只要喝了酒，就會大吼大叫，痛罵我，把怒氣全部都倒在我身上。有一天，他無緣無故打我。還有一次，我因為功課不太會寫，就挨了

註1：Vitry，位於巴黎郊區。

一巴掌。

他手裡只要抓著「力加」[2]的酒瓶，就會漸漸變臉。他變得凶暴，什麼事都能惹他生氣，那時我就會趕快躲到桌子底下，等他冷靜下來，去扶手椅上打盹。但是有時候，看到我躲起來反而會讓他更生氣。他會抓住我身上任何可以抓的地方，想把我拖出來，我只能拚命抱著桌腳。接著我會被揍一頓，甩耳光、踢屁股……樣樣都來。他的凶暴讓我害怕，但是我默默忍受，什麼都不說，不想害他更生氣。這些痛苦的景象永遠也無法從記憶中消失，我到今天還覺得痛。

如果他沒有喝醉，就是一個超級好爸爸。他會吹口琴給我聽，我們會一起合唱。我愛他。我常常忘了別的，只記起這些時刻、我們的默契，就覺得好過多了，又重新擁有了父愛的幸福。

一九九六年，爸爸過世。他死後一年我才得知消息，所以沒有參加他的喪禮。我不跟他見面很久了。他在蕾歐娜阿姨死後，和一個同樣酗酒的女人同居。蕾歐娜阿姨死於一場家庭意外：她當時正在做飯，身上的尼龍罩衫著了火，重度灼傷不治。

我和我爸徹底斷了往來，因為我再也受不了看他不斷喝得爛醉了。那是個很困難的決定，但是看他那副令人厭惡的模樣我就想哭。

註2：Ricard，法國保樂力加（Pernod Ricard）集團旗下最知名的烈酒品牌。

03 逃家

第十九區的喬治—德魯奧（Georges-Drouot）中學讓我極不適應。我不想用功讀書。我很頑劣。我常常跟死黨丹尼和羅宏一起搗蛋。我們當時應該是六年級。老師們當然在聯絡簿上揭發了我的行為，但是因為我模仿我爸的簽名，所以他從來都不是很清楚。

我在操場打架，在廁所偷抽菸。我一天到晚蹺課去秀蒙山丘[1]遊蕩。

事實上，無論是我爸或蕾歐娜阿姨，都不知道我蹺課，不知道我和朋友闖了

註1：Buttes-Chaumont，位於巴黎第十九區。

一大堆的禍。直到有一天，他們收到校長的一封通知，說我曠課太多。蕾歐娜阿姨先把這件事告訴我，她說等我爸回家得知此事會很不高興。

我太害怕他的反應，怕得離家出走。我不知道要躲在哪裡，最後去了丹尼家。他媽很酷，好心收留我。我告訴她只要我爸灌飽黃湯，我在家裡都是受到什麼樣的待遇。

和我朋友蹺課的時候，我們有時會竊占停在學校不遠處的其中一輛拖車，那裡是吉普賽人的營地，首領不是很開心。但是我告訴他，我在躲我爸，他只要黃湯一下肚就會揍我。所以首領對我很和善，答應我如果家裡待不下去，可以到拖車裡避難。我很快就跟營地裡的小孩打成一片，玩在一起。

我和丹尼去秀蒙山丘或拉維列特公園[2]閒晃的時候，想要有一點錢，可是我們沒有，所以就去店裡偷東摸西。不過我怕條子，所以這種事沒有幹太久。

我和丹尼、羅宏想出一個絕招，可以輕輕鬆鬆拿走糖果、巧克力和餅乾：我們先到「菲利克斯・波坦」[3]雜貨店買東西，到了必須結帳的時候，我們就到處炸臭彈——我得說，那麼多臭彈炸出來的味道真的很像狗屎——客人受不了那股臭味，很快就走光了，收銀員一不留意，我們就趁機偷偷溜走。真是個歡樂的回憶！我們一面狼吞虎嚥，一面笑談光榮的事蹟。

我們有時候也會去地下墳場[4]溜達。那裡有一些古裡古怪的人，竟然住在那麼黑的地方，和大老鼠為伍，待在濕答答的泥濘中。我們偶爾也在屋頂上散步，簡直是著迷了。

註2：parc de la Villette，巴黎最大的公園之一，位於第十九區。

註3：Felix Potin，法國的連鎖食品雜貨店。

註4：Catacombes，位於第十四區的知名藏骨堂。

丹尼的媽媽是管理員，所以我們知道哪幾間公寓是空的，以及進入屋頂的方法。我們從上面對路人丟雞蛋鬧著玩，笑得快癱過去啦！聽到別人咒天罵地，我們就放聲大笑。他們很想找出蛋是從哪裡來的，沒有人發現我們。

因為我們一直沒有零用錢，所以開始在尚—饒勒斯大道上乞討——好玩嘛。我們不太有說服力，所以沒什麼賺頭，不過這讓我們笑得可厲害了。

有一天，我們看見一位高個子的黑人先生，我立刻就認出他來：是《警網雙雄》裡面那個消息靈通的線民「抱抱熊」[5]耶！真不可思議！他幾乎不會講法語，但是給了我一張百元大鈔。一百法郎在那個時代算是很大一筆錢了，我以前從來沒見過。

那是我第一次遇到明星。隔天我又去乞討，而且只跟黑人攀談，我以為他們都跟抱抱熊一樣大方。我的希望很快就落空了，東湊西湊也只有一法郎，和一張二十法郎的鈔票。

就這樣，我不去上學，反而開始乞討，一點都沒料到乞討對未來的我而言，會變成非做不可的事。在那個時候，乞討只是一種遊戲，不過就是個挑戰罷了。

我也記得曾經和羅宏、丹尼大老遠跑去拉雪茲神父墓園[6]。我們都怕得要命。天色開始暗了，我們在墳墓間走來走去，注意到一排黑衣人士的隊伍，感覺好恐怖，我們拔腿就跑。我們以為他們是外星人，或是什麼神祕社團的成員。

我們有時候也到秀蒙山丘的電視臺前面去要藝人的簽名，但不一定每次都能拿到。

註5：此處指的是美國饒舌歌手「史努比狗狗」（Snoop Dogg），曾演出多部電影。

註6：cimetiere du Pere-Lachaise，巴黎市區內最大的公墓，位於第二十區。

後來，丹尼的媽媽要我去跟夏特雷[7]的少年隊說明我的狀況。接見我的女警聽我說話，問我問題，想知道我是不是還想回家。我同意回到我爸和蕾歐娜阿姨的家。

我回家的時候，爸爸很鎮靜。

但是只維持了一小段時間。他就是忍不住要喝酒，而且經常喝得大醉。我越來越受不了他發飆、咆哮。我越來越怕他，他控制不了自己。

少年隊對我的長篇訓誡，對於我的在校行為並沒有產生很大的影響。我和丹尼還是三不五時曠課。最後我出現在警察面前，因為我爸再度通報失蹤。我在中途之家過了一夜，然後和我爸去見少年法官勒普漢斯女士。

法官和我爸單獨談過之後，命我進去她的辦公室。她問我想不想住在家裡，我已經超過十三歲，可以選擇待在中途之家。我寧願回我爸的家。法官訓了我老半天，但我完全不記得她究竟說了些什麼。

對於接下來的幾年，我沒有明確的記憶。我爸平靜了一段時間，我想他戒酒了。我繼續去上學，但去得並不勤。我不是好學生。

等到我爸又喝起酒來，我又開始蹺家了。

我離家出走時經常在街上遊蕩，其中一次逃家，我覺得自己被兩輛警用摩托車監視。我很害怕，確定他們是來找我的，馬上腳底抹油開溜。為了甩掉他們，我從一扇門跑進購物中心，再從另一扇門出去。

最後，丹尼的媽媽告訴我不能再這樣下去，哪天她終究會惹禍上身。她叫我再去找少年隊。那時我離家至少一個多月了。我去找少年隊，在中途之家睡了一夜。

註7：Châtelet，巴黎市中心。

我又來到法官面前，表明我再也不要回我爸家。我已經不可能在那個家裡過日子了。

◆奧特耶教育基金會[8]

安東尼[9]的衛生暨社會事務局把我安置在奧特耶教育基金會，由寇藍先生負責照顧我。

住進這裡以後，日子過得很順利。我會選擇木器工人當成職業，是出於偶然。其實我想當考古學家，但是不太知道這個工作包含了哪些內容。木工老師維萊特先生人很好，所以我就選了他的課。我不是很喜歡這個職業，但是我還滿快樂的。

我們星期六和星期日會和輔導員去電影院，或是去倍樂拼[10]購物中心買食物和必需品。

放假的時候他們會帶大家上山滑雪，真是帥呆了。

後來，我被安置在第十八區的青年勞工之家。我透過人力派遣公司，在拉維列特和勒布爾熱[11]的工地找到工作。

當兵前的這段時期，都是挺愉快的回憶。

我記得有一天，我賺了一點錢，走進一家麵包店，買了十塊蛋糕。天氣晴朗，我坐在一張長椅上，把蛋糕嗑光光。我很高興。

註8：Apprentis d'Auteuil，成立於一八六六年，致力於兒童與青少年保護。

註9：Antony，位於巴黎郊區，鄰近奧利（Orly）機場。

註10：Belle Épine，位於巴黎郊區的大型購物中心，鄰近奧利機場。

註11：Le Bourget，位於巴黎東北方的市鎮。

04 眼花撩亂的畢加勒區[1]

我去畢加勒區見識。那裡真是一個吸引人的地方，我很快就被眼前的事物迷得團團轉。真是不得了，從沒見過這麼熱鬧的氣氛。我東張西望，不想錯過半點景象。看看這些門面、養眼的海報，還有那些豪放不拘、毫不遮掩、主動過來搭訕的女孩子。千萬不能難為情。一切讓我興奮難耐。這些閃閃發亮、五顏六色的光線把我拉進另一個世界，那裡百無禁忌，筵席永不散。

我很快就愛上到畢加勒區夜遊。在那裡閒逛的人讓我目眩神迷。我也會一邊

註1：Pigalle，位於巴黎第九區和第十八區一帶，是有名的紅燈區。

乞討，這樣才有錢買龐大的三明治或是可麗餅。

因為我來慣了這個區，一些熱狗攤販、旅館門僮、夜總會的拉客小弟，或甚至路上的女孩子會認出我來。看我在人行道上流連找客人，她們會對我微笑，有時還會塞給我一點零錢。

畢加勒區的種種都和其他地方不一樣。就連那裡的噪音也不相同。

◆我孤單一人

有一晚，我跟「黑貓」可麗餅店的老闆馬可聊了起來。我原本是過來跟認識不久的可麗餅師傅打聲招呼，後來跟馬可說起話來。我稍微提起我的童年、我的生活，還有我住在青年勞工之家。我需要工作，而且希望是一份我會喜歡的工作。我問他，等我當完兵，有沒有一份工作可以給我。他告訴我，如果有必要，他可以幫忙。

我入伍了。我在駐德國諾伊施塔特[2]的第一戰鬥連待了半年。我在部隊裡胡搞瞎搞，曾經翻牆去派對灌了一整晚的酒，爛醉如泥地回到兵營，結果我和被我拖去的夥伴蹲了三個禮拜的苦牢。

我因為腳的關係退伍。離開軍隊我不怎麼難過，那種生活不適合我，但是我的同袍都是好人。再說，軍隊能擺脫我，也不會不開心吧。長官們不太喜歡搗蛋鬼。

我一回到巴黎，自然又去找馬可。我很希望能為他工作。

我來到畢加勒區，他去度假了，可麗餅店也休息。我不知道要做什麼，也不知道要去哪裡。我的美夢崩塌了。我晃了一整天，去了好幾間酒吧。我喝酒壯

註2：Neustadt，德文意為「新城」。

膽，少少的存款幾乎全花掉了。我整個人泡在酒精裡。

我孤單一人，孤獨令我難受。我沒有家人（我跟我爸早就疏遠了），沒有朋友可以找，沒有說話的對象。

我繼續遊蕩，什麼都不感興趣。我的腦袋空空，是個黑洞。我熬啊熬，就這樣一直熬到凌晨。五點鐘的時候，地鐵開門了，我坐在車廂裡，昏昏欲睡。電車到了終點站，我又往反方向再坐一次。我筋疲力盡，失望，沮喪，憂鬱。

過了中午，我重新返回地面，回到天光之下，依然這麼孤獨，還是這麼愣頭愣腦。我甚至開始後悔離開軍隊，就連蹲苦牢都比現在好，至少有朋友可以聊天。

我全身髒兮兮，但是不曉得該去哪裡洗澡。我的衣服好噁心，聞起來像個糟老頭。我沒有換洗衣物，也沒錢洗。

我試著乞討，賺點錢來買東西吃，但是我收集到的零錢很少……

天黑了，我尋找過夜的地方。我沒辦法下定決心睡在街上，這種生活不適合我。出於偶然，我前往秀蒙山丘公園。我躺在草皮上，接著躲進灌木叢裡，不想讓守衛看到我，把我趕走。我睡著了，沒有人來打擾。

隔天，我從一個傢伙那裡聽說慶典廣場有給街友用的免費澡堂。我去了，洗完澡渾身舒爽。

但是一天天過去，照這樣下去，我的衣服又變得越來越噁。這個情況持續了很久，也許有一個月。我此生都會記得。忍受髒兮兮的身體很痛苦，但是我別無選擇。我每一天都更絕望一些。

馬可終於回來了。

看見他的時候，我簡直要喜極而泣了。要是我膽子夠大，就會親他。他是我的希望。我的惡夢終結了。

他履行諾言，讓我擔任可麗餅師傅皮諾和「警長」的助手。

他在伊馮那—勒塔克街上開了一家自助洗衣店，他讓我在那裡洗衣服。他不在的時候，我就沒辦法洗。他甚至買了一條長褲、一件外套和新內衣給我，還去修道院街的朋友那裡幫我訂製了一套西裝。

我不知道要住哪裡，他便提議住在他家。他給我機會，而我不該背叛他的信任。這是我們的約定。

我馬上開始幹活。我學會做可麗餅，這沒什麼難的。我全心全意，努力做這份新工作，一點問題也沒有。

很快地，馬可說他很滿意我的工作態度，尤其滿意我想把事情做好的決心。

我很盡責地幹活，完全忽略了時間。我好快樂能有一份工作，更何況是在一個我如此喜愛的地方。顧客不分男女，人都很好，我可以接觸到很多人，可以聊天說話，有時候客人會留一點小費給我，那些就成了我的零用錢。

我又變回那種別人會問候、道謝的人，再也不是那個大家避而遠之、備受歧視的流浪漢了！

我喜歡這個新生活。我滿心歡喜，笑容滿面，能服務客人我就心滿意足了。

不論白天或晚上都有人在吃可麗餅，真荒謬！

不上班的時候，我偶爾也會去幫忙夜總會的拉客小弟，把客人招攬進他們店裡。我可以拿到一枚銅板作為報酬，如果我夠有效率，有時可以拿到一張鈔票。

馬可有點像是把我當成自己的兒子一樣對待，讓我住在他位於克利希大道七十八號的家裡。那間公寓豪華到不行，而且非常寬敞，我有自己的房間。他從妻子死後就獨居至今，起碼他是這麼跟我說的。

馬可在畢加勒區無人不知，無人不曉，他已經在那裡住非常久了，每個人都直呼他的名字，大家都喜愛他，尊敬他。他懂得做人要慷慨，要欣然塞點銅板或鈔票給那些有需要的人，救救他們的急。他是個大人物。我知道如果我有什麼問題，可以找他幫忙。

他包我吃，包我住，偶爾會塞一點錢給我，但是我沒有固定薪水。這段期間，我很注意自己的儀表，無論行為或服裝都保持著不會招致批評的程度。我想讓他有面子。

馬可總是穿得很稱頭，一身無懈可擊的西裝。他會戴帽子，像黑道人物戴的那種波薩里諾帽[3]，我看了就想笑。

馬可人很好。就算我做了好幾個鐘頭的可麗餅，沒有薪水可拿，我也沒有多想，我有的吃，有的住，還被漂白了，這樣已經不錯了。我非常感激他把我照顧得這麼好，我不習慣這樣的好意。

我百分之百信任他。他保護我，並且知道可以信賴我。我全心全意效忠他，他下的命令我總是欣然照辦。他說過很多次，欣賞我對他的態度。他的讚美總能給我一點額外的活力。

對我來說，那是一段大好時光。我受人包圍，被人重視。

馬可買下第二間可麗餅店，我曾在那裡工作，因為他信任我。我每一天都工作滿檔，但是從來不抱怨。

晚上我會跟夜總會的拉客小弟一起說笑，有時候也會搞一搞附近幾家夜總會裡的脫衣舞孃。

我經常去皮耶—方丹街的「及時雨」酒吧廝混，他們家的招牌是龍舌蘭酒。

註3：Borsalino，義大利知名製帽品牌，帽頂中間凹陷是其特徵。

我是那裡的熟面孔，沒有人會來煩我，每個人都知道我在這一帶幫馬可工作。我甚至偶爾能請自己看場電影呢。真是美好的生活，沒有麻煩，讓人開心。事實上，我是過一天算一天。

我認識了一個朋友，他是「波西米亞」餐廳的廚師，就住在餐廳樓上。我們會在他家聽音樂，叫女孩上樓來，稍微幹點壞事。

有一天，馬可邀我放假時陪他去義大利。我那時二十歲。真是太好玩了，棒呆了，很快樂的回憶！

馬可在亞德里亞海岸的泰爾莫利[4]有一間大公寓，在坎波巴索[5]有一棟房屋和農場，還種了橄欖樹和小麥；他也帶我去了卡布利島[6]。他介紹女孩給我認識，她們都很欣賞我這位「法國小哥」。我在法國從來沒吃過那麼多冰淇淋、披薩、義大利麵、餃子和帕瑪森起司！我趁機大曬太陽，曬到皮膚都發紅了。再也沒有比這更幸福的事。然後，馬可授予我一項殊榮：帶我去跟他們全家人共進午餐。我簡直要把他當成養父了。

結束了這趟美好的旅行，我又回到可麗餅店工作。

我一直住在馬可家，直到那次，我把脫衣舞孃莎拉帶來我樓上的房間。他嚴禁家裡發生這種事，我明明知道，他早就警告過了。

他發現的時候，狠狠刮了我一頓，命令我馬上甩掉莎拉。但是莎拉讓我神魂顛倒，我瘋狂愛著她，不想放手。我跟馬可鬧翻，離開他家。對我來說，回可

註4：Termoli，位於義大利坎波巴索省（Campobasso），是知名的海濱度假勝地。
註5：Campobasso，義大利坎波巴索省的首府。
註6：Capri，位於那不勒斯灣，義大利蘇倫托半島（Sorrento）外的一個小島。

麗餅店工作是不可能了，何況他也不會要我。

當他警告「這個女孩不適合你，你幹了天大的蠢事」時，我應該聽他的話。

我和莎拉的感情維持不到半年，她走了。

於是我又變回孤單一人，再次回到街上。我不敢回頭找馬可，他也不會歡迎我吧，因為我沒有聽從他的忠告，我讓他失望了。他不喜歡這種事。我不敢再去請他將我收進他的團隊裡頭，寧可換個地方，將生活重心移往另一區，自食其力。我確定可以不靠別人的幫忙而脫身。

我又開始過著苦日子，而且隨著時間過去，我越是向下沉淪。

05 再度成為流浪漢

我當了很久的流浪漢，一無所有，沒有住所，沒有工作，沒有錢，更沒有朋友。我甚至不敢回畢加勒區，怕會遇到馬可。他不曾對我施暴，但我不想當面承認他說過「要小心那個女孩」是對的。更何況，我沒有遵守他訂的規矩，擅自把女孩子帶回他家。

我孤伶伶的，隻身一人，人生無望，日子一點意思也沒有。我只好再找一份工作，找到工作之前得先回去乞討。不過這件事現在做起來有點難度，我已經體驗了另一種生活，有親切的朋友、美妙的女孩，這一帶好多人都叫我尚—馬利……這一切都結束了。

我在街頭棲身。跟其他人一樣，翻出幾個紙箱來防潮、禦寒，再找個安靜的角落。我睡得很差，一直保持警覺。我被揍過好幾次，常常有醉漢或是想洩憤的行人會故意踹我幾腳。

很快地，晚上我寧可去秀蒙山丘公園，或是第十九區布里雷門大道的紅帽小丘公園[1]避難。比起睡在街上，那裡的壓力比較沒那麼大，也比較舒服，泥土、草皮、落葉都不像人行道那麼硬。

我在外面睡了好幾個晚上，就像那些不必露宿街頭的人所說的「以星空為被」。

我找到進入公園的方法，可以不被守衛逮到，也不必經過崗哨。那邊的圍籬總是有一個我鑽得進去的洞。

為了不被守衛攔下問話、罰款，我會躲在灌木叢裡。他們從來沒發現過我，不過他們當中的確也有些人會假裝沒看見像我這種在公園過夜的人。只要不鬧事，他們會讓我們睡覺。

雨天的時候，我會試著在大樓的門廳或是樓梯間落腳，但是很快就會被警衛轟出去，我也怕他們會報警，所以快快逃開。

對我來說，下雨通常比寒冷還難受。雨水穿透衣物，滲得到處都是，雨停後也會留下濕氣，衣物乾不了，讓我聞起來像發霉一樣。

我記得有一晚在巴黎晃了好久。我走了好幾公里，來到第十六區的雉園街，我聽說這一帶有些地方可以放心落腳。找了好久之後，我走進一棟建築物，門廳最深處有一座挺不賴的花園，我就在那裡待了下來。頭一夜很順利，接下來那一夜也是，然後到了第三晚，我看見條子和警衛在清晨現身。他們一把撲到

註1：square de la Butte du Chapeau Rouge，位於巴黎第十九區。

我身上，將我制服。因為我規規矩矩，所以他們沒有送我進警局，但是粗暴地把我轟出去，以強硬的態度叫我永遠別再回去。我明白，他們看起來不像在開玩笑。

◆地鐵裡的夜晚

我也曾經躲進地鐵，睡在車廂裡或是龐丹門站[2]的車庫鐵軌邊上。

我搭乘最後一班電車，一到終點站，就躲在長椅底下，這樣機械師就看不到我。他離開以後，電車停在一條車庫鐵軌上，我就躺上長椅。

有時候我累到很快就睡著了，也曾發生過醒來才發現背包被人幹走，連鞋子都在睡夢中不見了。我什麼都沒了。要是哪天碰到對我做這種事的人，我會把他揍得稀巴爛。

夜晚的地鐵裡有很多無法無天的人渣，就連那些跟他們同病相憐、一無所有的人，也不被他們放在眼裡。東西被偷走，腳上沒有鞋子可穿，沒有盥洗用品，是很慘的事，包你噴淚。

我從來沒辦法下定決心在地鐵走道上多睡幾夜，可是有些人待得很舒服。我經過一些傢伙身邊，他們顯然把這裡當成了自己家。那些傢伙占據已經除役的車站，每個都很古怪，而且臭得要死，肯定不常洗澡。我隱約覺得他們從來不到地表上去。他們也不說話。

有一晚，我走向其中一個人，想請他抽根菸，聊聊天，他沒有搭理我。他不看我，當然也沒有拿菸。我甚至納悶他有沒有發現我。在他眼裡我根本不存在。他走開了，在垃圾桶裡翻找，把找到的東西吃掉。我明白沒有必要再堅持了。

註2：porte de Pantin，巴黎地鐵五號線的車站。

他是個長頭髮的大塊頭，下巴上的長鬍子像狗啃的，身上穿著一件汙漬斑斑的灰色大外套。

他的眼神很怪異，憂慮，無神，沒有流露任何情感。

他就地坐下，躺在報紙和紙箱上，似乎半睡半醒的，有時微微睜開眼睛。我盯著他看一會兒，然後走開，和這位像是住在另一個世界裡的神祕人物拉開了距離。

在這些除役的車站裡，這群人有自己的習慣，不要去擾亂他們。他們肯定很怕會被趕走。

那個時候我只是在找過夜的角落，不是來交朋友的。再說，我很快就理解到自己不屬於這個地下世界。待在這群有如殭屍的居民之中，我渾身不自在。地鐵裡面有夠噁心，滿坑滿谷的垃圾，聞起來臭得像壞掉的蛋。我一直沒辦法習慣這些氣味，它們附著在我的皮膚上，滲透到我的隨身物品裡。我好幾次噁心得想吐，實在臭死人了。

我也沒辦法習慣那些大量繁殖的大老鼠。從來沒見過那麼大、那麼肥的，還以為是貓呢！牠們無所不在，亂鑽亂動，從腳邊擦過去，我好幾次以為牠們要吃掉我的腳。我拿了根棍子防身，用來趕跑牠們。牠們發出的聲音很奇怪，讓人毛毛的。

有些年輕人會在星期六晚上成群結隊來狩獵。他們在地鐵的地道裡、廢棄車站和地下水道中走來走去，尋找樂子。千萬要小心這群人，他們或許是為了壯膽，常常喝得大醉耍流氓。有時候他們只想要扁扁流浪漢：這些人都是很容易的獵物。最好的方法就是避開他們，我總是這麼做。

◆非法聚落，人間地獄

對我來說，夜晚的街道有時候太暴力了，所以我想逃開。大樓的門廳嘛，我老是被趕走；地鐵嘛，我沒辦法習慣。我負擔不起旅館的房間。可是，我非找到一個落腳處不可，所以我試著住進非法聚落。

說得更明白一點，某個在街頭認識、已經記不起名字的朋友，陪我到位於第十八區庫思圖街的一個非法聚落。那是一棟很大很大、棄置荒廢的破爛建築物。

我走進去，沒有人過來問話，我找到一間空房安頓下來。這裡應該曾經是一間臥室，如今變成破爛的廢墟，牆壁上都是濕氣造成的汙斑。沒有電，也沒有暖氣。廁所噁心死了，根本沒人打掃，不然就是沒在管別人的。

但是，對我來說最糟的是那些當眾注射的毒蟲，因為餵飽了毒，瘋瘋癲癲，幾乎站不穩。他們嗨過頭就會發起狂來，鬼哭神嚎，讓人雞皮疙瘩亂竄。他們令我害怕。

我經過走廊的時候，看見他們甚至直接躺在地板上或是紙箱上，有些人手臂上綁著破破爛爛的止血帶，插著針筒。我一直沒辦法習慣這個畫面，這些傢伙明明盯著你，卻看不見你。

我也記得那些讓人騎在身上卻懶得遮掩的雞，一旁有好幾個客戶在排隊等著。有些瘋狂凶狠的出獄犯會來這邊遊蕩，或是賤價操操幾個年輕妓女，也許在他們眼裡，她們就是充氣娃娃，隨便他們擺布。可憐的女孩，必須忍受這群性飢渴的男人的暴行。

我逐漸理解在這個垃圾堆背後，有一些傢伙，一些老大在操縱。他們會插手拉開那些打架打得太激烈的人，免得糾紛擴大成暴動，還會攆走那些吸毒吸到廢掉，沒辦法住在這裡的毒蟲。

一樓有人在賣可樂和一些吃的東西。星期六他們偶爾會舉辦一些小派對，讓外面的人進來，不過得先付五十法郎。

我經常很害怕，但是絕對不能表現出來。這種生活我撐不了太久，很快就離開了。

我用乞討賺來的錢，向一位管理員非法租了位於克利希大道某棟破爛大樓二樓的一間房，月付四百法郎。我躺在一張坑坑疤疤、飄著霉味和尿騷味的床墊上。這裡既沒有水，也沒有電。不是什麼好地方啦，但至少我不會冷，尤其不怕風吹雨淋。晚上沒有鬼叫聲或是打架的聲音會吵醒我，也可以把東西留在房裡，這裡勉強還算安全。

我在這個迷你房間待了將近一年，因為收入不夠多，沒辦法再住下去。我雖然一整天都在乞討，但是錢不夠用。

我又開始睡在街上。但是冬天很冷，我試著到另外一個非法聚落避難，這樣就能少花點錢，負擔並不重，還能買披薩或三明治吃。

一個在街頭認識的朋友說，克利希大道的「黑貓」咖啡廳對面有個非法聚落。我不請自來，找個還能待的地方安頓下來，沒有人來問東問西。

這棟大樓沒有人住，屋況非常糟糕，好在這裡偷接了法國電力公司的供電線路，所以有電可用。不過沒有水，得到街上的噴水池去提水回來加熱。我們太常忘記洗熱水澡有多麼暢快，多讓人身心舒爽，精神大振。

這裡的氣氛很好，第一次去的那個地方充滿殘暴的氣息，跟這裡沒得比。當然啦，偶爾還是聽得到鬼吼叫罵，也會有人動拳，但都不是什麼大不了的事，而且還滿快就平息下來。

我們人很多，也許有數百人。不同國籍的人占據了整棟大樓，可以聽見好幾種外國語；大部分都是黑人。偶爾有些妓女會過來提供服務……

出個五歐元，就有一些非洲女人會幫我們弄吃的。大家聚在一間很寬敞的房間裡喝酒，她們端上食物。到了星期日，聚落裡的人會唱歌跳舞，彈奏音樂，氣氛歡樂，很酷。

唯一的問題就是酒精和毒品。身邊都是喝得大醉和濫用毒品的傢伙。晚上也有人卯起來吸毒，聞起來像大便。他們在雲端上神遊，鬼吼個幾聲，無法自制地發癲，但沒有什麼大不了。

你會碰上這群毒蟲當中的瘋狗，一些隨時會捉狂、過來挑釁的瘋子。我離他們遠遠的。他們的反應無法預料，沒辦法和他們好好相處，跟他們交談。他們已經不知道自己在幹嘛了。

我很小心。我不嗑藥，菸倒是抽得很凶，香菸成了我的夥伴，安撫我的孤獨，填補我的焦慮。有時候我也會喝過頭。我狂喝啤酒，如果拿得到的話，也灌伏特加或馬里布蘭姆酒。我不常清醒。酒精在我一敗塗地的情況下罩了一層美妙的面紗，阻礙我正視現實，讓我可以和朋友撒撒野，讓我快樂。他們其實不是我的朋友，但是在酒精助陣下，他們成了我的朋友。

條子偶爾光臨，我們會躲起來或是快閃，這棟樓大得很，處處是出口，他們很難逮到人。事實上，他們來這裡主要是想找到他們要抓的傢伙。

可是萬萬不可以洩露口風給條子！規矩就是「我什麼都不知道，什麼都沒聽說，我才剛來，什麼都沒看見，我完全不清楚，我沒有跟別人說話……」哪怕他們威脅說要逮捕你！條子問你問題的時候，如果你沒照這些規矩來，那麼等他們離開，你的皮就要繃緊一點了。大家會一把撲上你，指責你是個抓耙子、爛咖，然後你就得逃得又快又遠，你的臭名會跟著你一輩子。

◆楠泰爾[3]的收容所

二十多歲左右，我也待過楠泰爾的收容所。我在庇里牛斯大道上被逮個正著。當時是晚上，我和強尼、查利兩個朋友在一起，我們喝了一點酒，但是沒有鬧事。

註3：Nanterre，巴黎西郊工業區。

「藍衣人」到了，把我們強行帶上巴士，根本不可能拒絕，何況他們也沒問過我們的意見。跟他們沒有什麼好討論的，他們不會聽你說話，也完全不講情面，直接把你押走，就這樣。

巴士裡有一排金屬柵欄，隔開司機跟我們。我找個地方坐下來，就在一群古裡古怪、潦倒落魄的傢伙之間。有個傢伙已經四肢無力了，根本站不穩，卻不肯坐。另一個傢伙狂發神經，怪吼怪叫的，我聽不懂他在吼什麼。稍微遠一點的地方有兩個傢伙打起架來，「藍衣人」不得已只好介入，把他們拉開。

我一抵達楠泰爾，就被催著脫光衣服去洗澡。那些最番顛的都被強行脫掉衣服，帶到水砲下面去冷靜冷靜或是解解酒。衣服如果太噁，他們會塞一套乾淨的給我們。

之後我們就往大食堂的方向走，吃的是扁豆和菜豆。接著到寬敞的宿舍，上下床鋪排列著。我一整個晚上都沒辦法闔眼——有些傢伙打著響亮的飽嗝，放屁，其他人不是在發神經就是打鼾，發出類似機關槍掃射的噪音。

早上五點，喝完一杯有如洗襪水的咖啡和麵包後，我又回到人行道上。對我來說，像是過了惡夢般的一晚。我去了一趟地獄，還失去尊嚴。他們對待我們就像處理害蟲。我答應自己，絕不回到這個地方來，再也不要被「藍衣人」逮住。

◆鬧上法院

這一段苦不堪言的日子裡，我魂不守舍，不知所措，酒喝得很凶，被幾個和我一樣「非主流」的同伴左拉右扯。有一天，就這麼被扯進一個下場難看的糾紛裡。

我和某個同伴在雷恩街上有一搭沒一搭地乞討時，遇到了一個傢伙。我們聊了一陣子，他便提議上樓到他家喝一杯。這哪有拒絕的道理。我們接受了，他就住在附近。

我們在他家並沒有喝酒，反而稍稍打劫了他，搶走他的收音機和小電視機，還逼他給錢。他不想給，我們就大吼，想讓他害怕又不必真的打他，結果他吐了五百法郎給我們。我們逃之夭夭，然後平分戰利品。

隔天下午，我在這一帶閒晃，看見條子陪著那個傢伙和他父親來了。他馬上就認出我來。我當時一個人。條子把我押上車，我沒辦法爭辯。他們拘捕我，送往夏特雷警察局。那傢伙給我報案了！

被拘留在牢房裡等待時，身旁的每個動靜都讓我驚訝：開鎖的聲音、門乒乒乓乓的聲音、人來人往……我隔壁牢房裡的傢伙大呼小叫，簡直吵翻天了。警察為了讓他安靜下來，淋了他一身水。經過偵訊後，我認了罪，又被帶回牢房過夜，接著被釋放，然後被傳喚至法庭。

我告訴警察，負責照料我的社工安排我住在一間旅館裡。我在那裡收到法院的傳票。

我看待這一切的態度很消極。我沒有什麼可失去的。我失魂落魄，反正都走到這步田地了，再多一件鳥事出來也沒什麼好大驚小怪的。

當時是一九九二年，我被傳喚到巴黎司法宮的第十四號法庭聽證。我去了。那天下午，法庭裡有很多人。我搞不太清楚狀況。我等著，人群魚貫而入，穿著黑袍的律師正在進行訴訟。法官叫我，要我走到他面前。我沒有律師。先前的確有一位律師說要為我辯護，她跟我要六千法郎，既然我根本拿不出這筆錢，她就沒有來幫我了。

法官問我問題：名字、出生年月日、有沒有工作，我回答沒有。他問我是否認罪，我說是。我一個人，我的共犯竟然沒有被找到，真厲害！

法官在徵詢他的兩名同事之後，判我緩刑十個月及五年考驗期。他告誡我不許再犯，否則不只要坐牢十個月，還要加上新判決的刑期。他說這次是警告，我以後最好安分一點，並且找個工作。

這一切發生得很快，不超過五分鐘，他就進行下一件案子了。

那一刻我又墜回地面，我怕坐牢，這件事讓我學了個乖。真的，我那段時間都在一片黑暗裡，一無所有，白天待在街上，晚上睡在街上、地鐵或是竊占空屋。我真是憂鬱得要死。好苦。

◆在街頭打架

我在街上隨時保持警戒，準備好要自衛，如果有必要就動手。有些暴徒只想挑釁，想找人幹架。我學會如何在街頭生活，並且時時戒備，對付其他人。

除了那些想揍幾個流浪漢來玩玩的傢伙，還有特別凶暴或瘋狂的遊民，一點芝麻小事就能引發一場身體對決。我一直隨身攜帶折疊小刀或是一根大棍子。

如果對方一群人朝我走過來，我就知道他們是來找碴的。我會設法揍最囂張的那個，然後其他人就會像娘兒們一樣開溜。他們並不總是吃飽沒事只想找碴，通常還想搶我的錢、我的衣服、甚至鞋子。

有一次，兩個波蘭人圍著我開始繞圈子，準備來個肉搏戰。比較壯的那個撲過來，想害我跌倒。他一腳掃過來，我早就看準了，立刻抓住他的腿，讓他重重摔到地上。我用盡全力，把他全身揍了一遍，另外那個一定是打算趁我打架的時候偷袋子，這時溜了。他那個壯同伴站起來，不敢再逗留，也逃了。

晚上碰到這些瘋狗，必須以狠鬥狠，不然他們會踩到你頭上，永遠把你看得扁扁的。如果是這樣，你就完了，只能逃到別的地方，而且要快。

他們自己有時候也會打起來，把事情越鬧越大。於是呢，驚動了條子，他們可不會客氣，直接把每個人趕走。

對我來說，上廁所一開始經常是個問題。晚上在公園裡，還可以想辦法解決，我會躲在灌木叢裡，拿葉子擦屁股；電車車廂裡不太容易；在街上的話，我會躲在兩輛車中間，不然就是找個陰暗的角落。不過白天完全是另外一回事，頭幾次很難解決，後來還是習慣了。我總是隨身帶著一罐空瓶和一個塑膠袋。

洗澡的話，我會找免費的澡堂。我要再說一遍：我們經常無法想像身在熱水之下有多舒服！沖個熱水澡可以振奮我們的精神，找回一點尊嚴。整天拖著一身髒汙，真夠令人絕望的。不能偶爾換換衣服，久了也同樣讓人憂鬱，所以我會去自助洗衣店洗衣服。

夜晚比白天還要令人害怕，我聽過一些很難聽的話，像是「滾開，不然我把你送到警察局……」或是「法國不需要流浪漢」。

我好孤單。我再也不曉得今天星期幾，現在幾點。我什麼都不是，再也沒有時間概念。

我在羅米耶站[4]附近乞討，然後是第十九區的一條大街。我只吃薯條、披薩和北非香腸[5]，灌了不少啤酒。那時我為了吃東西，常常翻垃圾桶。麵包店或食品雜貨店旁邊的垃圾桶最有意思，有的時候可以找到麵包、包裝完好的蛋糕，甚至水果。有一次還被我發現一張五十法郎的鈔票，我眼珠子都快掉出來了。我馬上就把它花在啤酒和食物上。

那時我也在超市裡偷雞摸狗，扒走蛋糕、火腿，不然就是當場吃掉。因為買不起衣服，所以我偷過牛仔褲、POLO衫、內褲……我當然被逮住了，只好歸還

註4：Laumière，巴黎地鐵五號線的車站。

註5：merguez，一種辣味細香腸，以牛肉和羊肉製成。

偷來的東西。我算很走運的了，從來沒有落到被送往警察局的下場，只是被趕出商店，還被對方拜託不要再回去。這樣的話，我就再找另一家。

如果我離公園很遠，能睡的地方就睡。我經常躺在某個陰暗角落的長椅上。

我的日子又苦了起來。我一直都過不慣這種生活。晚上的街頭是叢林法則，白天則是各人顧性命，每個人有自己的人行道，甚至有自己的一條街。夜晚更糟。

我想要脫身，離開這個不屬於我的宇宙。

有一年天氣非常冷，我收到市政府發的一張住宿券，在第十七區靠近維利耶站[6]的 ABC 旅館。

那個房間噁心透頂，蟑螂和臭蟲四處亂爬，沒有暖氣，門還關不起來。旅館裡吵鬧得無法想像，每一晚都有人鬼吼鬼叫，在走廊上跑來跑去。外面雖然很冷，但我只有一個欲望：走人。

我不知道市政府為這個房間付了多少錢，但是讓人住在這種地方真是可恥，明明我就不挑剔啊！就是有一些傢伙趁機占盡便宜，還不知道羞恥。

註6：Villiers，位於巴黎第八區和第十七區交界，是地鐵二號線和三號線的交會車站。

06 找到工作

我開始找工作。我用乞討賺來的一點點錢，買了一份報紙看求職廣告。就這樣過了好一段時間。

後來我找到一家酒吧，那裡的老闆容許我一大清早一邊喝熱可可，一邊讀求職廣告。他看我拿著報紙，對我說：「你的努力會有回報的，總有一天你會找到工作。」有時候他會送我一塊牛角麵包。最重要的是他肯讓我在六點前準備開店、顧客上門前，到廁所裡刷牙洗臉、梳梳頭髮。

我找工作找了很久，有一家位於第六區卡內特街上的餐廳，雇用我當服務生。

一開始很難。我不太靈活，坦白說就是笨手笨腳，不曉得打破多少杯子和盤子。但是老闆明白我真的很想工作，誠心誠意，就讓我留下來。漸漸地，被打破的杯盤大幅減少了。幾個星期以後，他說很滿意我的工作態度，要把我留下來當服務生。我很高興。

我能填飽肚子，而且有小費，日子混得還不錯。我負擔得起一間旅館的小房間，可以睡在一張真正的床上。我的生活終於改變了！我在這家旅館待了三個月。

老闆知道我住在郊區後，有一天提議要把卡內特街上（也就是我的工作地點）的一間房間租給我。房間在七樓，沒有電梯。我接受了，我的薪水負擔得起。我可以每天洗澡，真是太棒了。我必須乾乾淨淨地服務客人。我盡可能把自己打理好，仔細地刮鬍子、梳頭髮。

我在這一帶交了朋友，不上班的時候，就去雷恩街上的碧麗熙購物中心喝一杯。我們經常在馬比隆站[1]附近的一家夜店碰頭。飛龍街和聖米歇爾大道那一帶都有一些不錯的酒吧。

有些藝術家會光顧我們的餐廳，尤其是印艾克斯樂團的主唱麥可・哈金斯[2]，他就住在卡內特街，很常來；他會講法文。

有一天，應該是下午三點，我正幫餐廳打烊，看見他坐在他住的大樓前面，有點不太對勁。我問他是不是需要幫助，他說跟超模女友大吵了一架。我提議他上樓到我家。他來了，打電話給女朋友，兩人合好了。我們變成朋友，他偶

註1：Mabillon，地鐵十號線的車站，位於巴黎第六區。

註2：Michael Hutchence，1960-1997，澳洲搖滾樂團印艾克斯（INXS）的前主唱，一九九七年在雪梨的旅館房間內上吊身亡。

爾會請我喝啤酒，經常問候我是不是事事順心。他的法文說得很好，會跟我描述他在做什麼。真是帥呆了。

有一天我休假，散步到聖傑曼德佩區[3]，搭訕了一個妞。我們很快就同居了，搬去第十八區的厄金—卡列爾街。我們生了一個孩子，名叫吉米。

但是五年後，我們之間沒感情了。於是我拿了衣服，隔天就離開她。我受不了了。離開之前，我通知市政府的社工，說那個女的沒有善待吉米，而我沒有地方住，也沒有錢。吉米被安置在中途之家，接著去了桑斯[4]附近的寄養家庭。

我再也沒有他的消息。我想，他會怪我拋棄他，怪我沒有照顧他。

這下我又變回流浪漢了，沒有工作。我早就辭掉卡內特街那家餐廳了。我的薪水很低，工時非常長，收工都太晚了。我幾乎沒有假日，也沒有有薪假。老闆沒有幫我報工。我有一種被剝削的感覺。

註3：Saint-Germain-des-Prés，位於巴黎第六區，有許多著名的咖啡館。
註4：Sens，位於法國勃艮第（Bourgogne）的一座城市。

07 重返街頭乞討

我已經不習慣在街頭過夜，但我再度回到那裡。我睡得很不安穩，怕別人偷走我的東西，怕別人來找我打架，任何一絲聲響都會讓我驚嚇得跳起來。晚上我在還能待的地方安頓下來，盡量是能擋風遮雨的地方。我躺在紙箱上，免得把自己弄濕。我只有一個背包，隨身帶著。

這是我最艱困的時期之一。我感覺好像再次掉進一個黑洞，再也掙脫不了，甚至也許不想掙脫。

但我仍然必須賺點錢來吃飯。我再也不要睡在街上，太痛苦了。我沒有力氣面對獨自待在人行道上的夜晚。

於是我又開始乞討，有時在美麗城[1]岡貝塔大道的一家麵包店前，或是在庇里牛斯大道的一間鞋店隔壁。我在商店旁邊走動，觀察進門的顧客，期望他們出來的時候塞一枚銅板給我，但是難之又難，甚至令人失望。獲利非常微薄，我湊到的錢僅僅買得起一片披薩。

有一晚，我筋疲力盡，腦袋空空，撐不下去了，我累到骨頭快散了，甚至考慮幹蠢事：去陰間看看會不會混得比較好。但是我總算付了一間旅館房間的錢。那房間超髒，飄著一股霉臭，被子上汙漬斑斑，蟑螂沿著地面和踢腳板爬來爬去。但是我很高興頭上有一片屋頂，總算睡在一張像床的東西上面，反正比人行道或樓梯來得舒服。而且我也不再因為半點聲響就驚醒過來，不再心慌地等條子出現。我不再抱緊袋子，以免別人趁我睡著的時候摸走。袋子裡是我僅有的存款，是我還在工作的時候賺的一千法郎。

因為我這副模樣以及這身打扮，很難找到一間願意收容我久一點的旅館。最後我在第十八區的小旅館落腳，我還記得那個房間要價一百法郎。對我來說那是一大筆錢，但它是唯一接受我投宿的旅館。不僅如此，我還得預付好幾天的房租。

老闆不讓人賒帳，我每三天得付一次錢。自助洗衣店和澡堂大概要花我三十法郎，我還用簽帳的方式買了二手電視機，月付一百法郎。我真是瘋了才這麼做，但是我無法抗拒誘惑。我需要陪伴。

因為房間裡禁止煮飯，我得買薯條、北非香腸或披薩來吃。乞討掙不到多少錢，每天也許十到十五法郎吧，因此我的存款很快就空了。

一段日子以後，我請旅館老闆開一張房租收據，讓我可以領無收入戶生活補助（RMI）和個人住屋津貼（APL）。他同意了，我就去市政府社會局申請緊急

註1：Belleville，位於巴黎第十、十一、十九和二十區的交界。

援助。以前有個傢伙告訴過我，可以像這樣暫時獲得幫助。

最後我領到三千五百法郎，這筆意外之財讓我重振了一點士氣。於是我跟老闆談妥：他收下一筆預付金，交給我旅館前門的鑰匙。我可以晚歸，但是不能超過凌晨兩點，否則就得睡在外面。這個情況發生了好幾次。

孤寂壓迫著我，我誰也不認識。

08 街上的朋友與敵人

◆強尼和查利

強尼是比利時人，跟我一樣住在街上。因為他很喜歡強尼・哈勒戴[1]，還梳了一樣的髮型，所以要別人這麼叫他。強尼是他的偶像。查利是馬丁尼克人[2]，他是蘭姆酒的行家，老是醉醺醺的。認識他們以後，是一段比較快樂的時期。

他們成了我的朋友。他們也是流浪漢，我們很快就相處融洽。

註1：Johnny Hallyday，生於1943年，法國歌手、作曲家、演員。

註2：Martiniquais，位於加勒比海西印度群島的法國海外行省之一。

我們三個人在岡貝塔大道一帶乞討。強尼和查利總是坐在「皮卡」[3]冷凍食品店隔壁等候朝聖人潮，我呢，通常站在對面的人行道上，這樣子我們橫掃的範圍比較廣。

我們找到一個好地段，因為這家店吸引人潮，而且不一定是窮人。有時候，朝聖人潮不會注意給了我們什麼銅板。

◆找碴的波蘭佬

要保住地盤，就得亮爪子。有一幫波蘭人好幾次想要趕我們走，或是找我們打架，我們從來沒讓他們得逞。強尼很會打架，也很壯碩，他可不好惹，儘管他年紀也不小了……

當這些波蘭佬出現的時候，反應要快，否則他們很快就會把你趕走，毫不留情，然後你就再也回不來了。對付他們不必帶感情。強尼是我們之中最資深的，經驗老道，千萬別惹毛他，他會揍人，而且可以非常痛。畢竟他一直以來都住在街頭，學會靠打架生存，沒有人比他更懂得如何運用拳頭或是藉由咆哮嚇退敵人。尤其在面對威脅的時候，他的反應更是一等一的快。

情況有好幾次變得非常嚴重，條子都來了。條子知道這群波蘭佬，把他們攆走了，因為他們不在的時候，大家相安無事，我們對商店的顧客都很友善。

我們合作無間，平分一切。如果我們之中誰生日，他可以不必乞討、跟朝聖者開玩笑，這些事都由其他人來負責。我們買東西給他吃、給他錢買女人、給他菸抽，如果我們有能力的話，還可以讓他在附近的小旅館裡過一夜。日子真是挺不錯的，我們都很高興，我們是真的朋友。

註3：Picard，法國知名的冷凍食品連鎖專賣店。

在聖誕節到新年的那個禮拜，能夠聚在一起就是幸福。大家都很慷慨，超級親切，我們像國王那樣吃吃喝喝。我們找來一瓶紅酒，也大嗑鵝肝甚至鮭魚。真是棒透了。大家會帶禮物、蛋糕來給我們。

別人叫我們三個「前輩」。我們偶爾會互相叫罵，儘管如此，我們還是朋友。帕特後來加入我們，但是這個小團體很快就解散了。

帕特能夠從街頭脫身，是多虧了一個女孩。我忘了他們在哪裡認識的。他跟她同居了半年，有一天，他心臟病發死了，三十六歲。不久之後，強尼在一個非常寒冷的冬夜裡去世了。他睡在外面，在皮卡冷凍食品店旁邊。他五十多歲。他的身體被人找到的時候已經沒有生命跡象，讓消防員帶走了。我不知道他的屍體是怎麼被處理的，一切就這樣結束了。

這些難以承受的事情讓查利開始越喝越凶。這些人的死亡對他的精神是一個打擊。在街頭這樣暴力的世界裡，我們很高興能待在一起，成為一幫好兄弟，能夠相聚，互相扶持。

對我來說，這段日子也很難過。我什麼都不想要。我不斷想起強尼——可憐的傢伙，冷死的，太恐怖了。我看什麼都不順眼，幸好我還有查利。可是有一天，查利連一句話都沒說就消失了。我不知道他跑去哪裡了，不知道發生了什麼事。他離開這裡，去了其他地方嗎？他死了嗎？這永遠是個謎。

我再次落單了。我沒辦法繼續留在曾經和朋友一起乞討的地方，那個我們曾經快樂相聚的地方。我換了個地點，到北邊的庇里牛斯大道或是美麗城的一家食品行隔壁。

一開始並不容易。每次有人給我零錢，有個賣街頭報紙的傢伙就會嫉妒。有一天我看見他在跟條子說話，然後條子就來找我，要我去別的地方。但是我動也不動。條子隔天又回來了，命令我滾開。可是我不想離開，我和和氣氣地乞討，沒有侵犯到別人。我掀開外套，對那位女警說：「殺了我。」最後她放過我，走掉了。

那段期間，我認識了尼可拉，一個十九歲的年輕小伙子，人很不錯。我想他跟一個女性朋友離開去普羅旺斯了。我也認識了帕哥，我跟他很合得來。他在街上有點遜，但是在地鐵裡乞討，沒有第二個人能跟他一樣。

◆白賊七

吉爾，街上的人叫他「白賊七」，總是窩在同一個地方：蒙田大道的興業銀行隔壁。

他滿口胡言亂語，說他常常在地上撿到一捆捆鈔票，還說曾經有位太太塞了三千法郎給他。又有一天，他向我保證，有位先生交給他一本書，書中的每一頁都夾著一張鈔票。還有一次，一輛賓士停在他面前，然後「保鑣」跟他提了一項交易：「你馬上去幹車子裡面那個女的，這個塞滿鈔票和鑽石的皮箱就是你的了。」他不肯，因為那女的是男人扮的。

我不知道他從哪裡想出這些五四三的事來講。沒有人相信，但他還是繼續發神經。他甚至沒發現每個人聽了這些故事都會哈哈笑。

從我認識他開始，他的腦子就越來越不正常，自言自語，越來越瘋癲。他明明不特別愛喝酒啊，不像有些人的嘴巴成天黏著紅酒瓶不放。他秀逗了，斷線的腦筋顯然再也接不回來。

◆芭芭拉

我在第十九區庇里牛斯大道的一家鞋店前認識了芭芭拉，我們馬上就來電了。她是很棒的女孩，在博尚站[4]附近的化妝品店上班，有一個孩子。

我換了一個區域，想試試看會不會比較有賺頭，因為在庇里牛斯大道那一帶乞討簡直是做苦工。對我來說，多賺一點很重要。雖然我花了大把的時間乞討，結果總是非常令人失望。我移往第八區，那邊的有錢人比其他地方還多，而且比較慷慨。

芭芭拉和她的兒子凱文搬過來和我一起住。我們換了一家旅館，仍然留在第十九區。後來因為她懷了我的女兒，向市政府提出申請，我們才有了社會住宅可以住。

芭芭拉上班的時候，我就乞討，結果還不壞。我的日子還過得下去，碰上一些讓我快樂的人，可以幫我打起精神，就像我和歌手艾偉・維拉[5]的邂逅，他很親切又大方。

我經常移動，換一條街去探索我的天堂，能讓我多賺一點的地方。於是我去試了第十六區。

◆派崔克

我記得很清楚，我就是在那個時候遇見了派崔克，在靠近香榭麗舍大道的伽利略街上。

他裹著形狀像棺材的紙箱睡覺，下午一點之前會醒來。他總是獨來獨往，幾乎不說話，見到我的時候只會低聲嘟噥一句：「你好。」

我自己也滿有戒心的。

註4：Brochant，位於巴黎第十七區，是地鐵十三號線西北支線的車站。

註5：Hervé Vilard，生於1946年，法國歌手、作曲家。

因為常常經過他身邊，交換過幾句話，漸漸地，我們終於變成朋友。他跟我一樣都在乞討，跟我一樣孤獨，雖然我有芭芭拉。

09 香榭麗舍大道的購物中心

有一天，派崔克提議一起去香榭麗舍大道的碧麗熙購物中心前面工作。他說那個地方超讚，朝聖者都很和善、慷慨。

為了表示我們成為朋友，我們一起去酒吧喝了一杯。他灌了一瓶蘭姆酒，我喝了一杯咖啡。他喝蘭姆酒喝得很凶。

即便在購物中心也不是一直無往不利，至少一開始不是。

我們在那邊也必須安頓下來，保護這塊讓人眼紅的地盤。我記得有些東歐來的傢伙到了碧麗熙購物中心前，會假裝自己是瘸子，身體抖啊抖的，其中一人甚至拿了拐杖，大夥拿著紙杯走到人前去要錢。

他們叫我們滾開這個地方，但我動也不動，其中一個，就是那個拿假拐杖的，也許是老大，先辱罵我幾句，然後手一揮命令我離開。我吼得超大聲，說我死也不走，他就用拐杖威脅我，激動到差點打傷一個正要走進購物中心的小朋友。

我氣炸了，把這王八羔子按在櫥窗上，他沒有料到我會這麼做。我叫他滾出我的地盤，不然我會「把拐杖塞進他的屁眼，再從嘴巴裡吐出來」。

當時在進行巴黎聖傑曼隊（PSG）和馬賽奧林匹克隊（OM）的足球賽，兩名原本坐在車子裡監視香榭大道的鎮暴警察走了過來。那傢伙故意跌坐在地上，要讓別人以為我揍了他。但是警察早就從車子裡看到了，很清楚是他差點打傷那個小女孩，我可沒揍他。他的戲白演了。警察叫那群傢伙走開，別再回來了，不然就統統抓進警察局。這可一點好處也沒有。用不著警察講第二遍，那些傢伙很快就腳底抹油了，還忘記要假裝一拐一拐的或是拖著腳。後來，兩位鎮暴警察請我到他們的車子裡享用一頓熱食。

◆保護地盤

必須隨時像匹狼一樣監視自己的地盤，時時刻刻保持警覺，非這麼做不可。常常會有一些傢伙冒出來要把你踢開，特別是年輕人，他們可不把前輩放在眼裡。於是呢，只要看見年輕人在碧麗熙購物中心門口兜圈子，派崔克或我就會馬上過去，給他們一點下馬威，低吼個幾句，讓他們滾去別的地方。

儘管如此，還是有些人偏偏不肯走。那樣的話，我也不會示弱。我告訴他們，想要趕我走，就得踏過我的屍體，把我宰了。我可不打算落跑或是分人一杯羹。我從來沒有任人踐踏過。

街頭就跟叢林一樣，軟腳蝦啦、怕冷的啦，還有膽小鬼，都不會有未來。如果你不抵抗，不表現出隨時都會出手的樣子，新來的人就會毫不猶豫痛扁你一頓，搶走你的血汗錢，到時候要訴苦也來不及了。

還有，一定要小心那些提議當你的保鑣，保護你不被欺負的人。如果你接受了，以後就會淪為奴隸，他們會剝削你，榨到你一滴油水也不剩。為了保障你的安全，他們的要求會越來越多，你很快就會被扒掉一層皮，如果你交的錢不夠多，就會被拋棄。他們是毫不留情的。

你贏了，你留下來，不然你就閃開，如果你不懂，別人會一直鬧到你妥協為止。新一代的乞丐不懂得什麼叫尊重，而且越來越不把前輩放在眼裡，尤其是如果你待在很有賺頭的地方。

◆幫忙看車

我在碧麗熙購物中心前想出了一個點子：看到停車稽查員出現，準備開罰單，我就去警告那些把車停在普雷斯堡街腳踏車道的顧客。稽查員一走過來，我立刻進入購物中心，車主們就會急急忙忙跑出來。

這真是個超棒的主意，客人都很高興，所以對我很大方。我甚至幫他們看過狗或是腳踏車，甚至幫忙招計程車。

大部分的顧客都給我和派崔克很好的報酬，有時候還會買東西給我們吃。

後來，碧麗熙購物中心的常客都認識我了。我和派崔克有個協議：他乞討，我看車子，再平分獲利。我留在現場直到午夜，派崔克則留到兩點打烊時間。

有時候我們被誤認為保安。夜間警衛奧古斯丹以為我們是情報局的條子，任務是監視購物中心出入口，我們之所以穿成這樣，是為了方便偵察。他看過我們偶爾和巡邏的警察聊天，所以信了我們的話。我們簡直要笑破肚皮了。

有一天，我的老朋友帕哥加入我們，三個人一起工作。我有點像是團隊裡的老大。我們相處得很融洽，彼此之間很少起爭執。真的，我們偶爾才會互相叫罵，從來不是什麼大不了的事，很快就和好了。

◆慷慨的摩洛哥公主

有一晚，一輛雷諾 Vel Satis 停在我旁邊。司機走下來，幫一位很有格調、有一點年紀的女士打開車門。

「您好，女士，請問您有沒有一點零錢可以給我？」

她微微一笑，說了句「等我回來」，就走進購物中心。

司機告訴我：「別擔心，她出手非常大方。」

我問他：「她是誰？」

他回答：「她是摩洛哥公主，摩洛哥國王哈桑二世的姊姊。」

我耐心地等著。

她走出購物中心，我為她打開車門。她給了我一張一百歐元的鈔票，還說她會再回來。

我把帕哥和派崔克叫來，秀鈔票給他們看。我們之前都沒看過這種大鈔。我超驕傲的，他們有點羨慕我。

「誰給你這麼多錢？」他們問我。

「摩洛哥公主，摩洛哥國王的姊姊！」

那一刻我真是爽爆了。他們都不敢相信自己的眼睛。我一整晚盯著那張鈔票看了好幾次。我好幾天都沒有離開過碧麗熙購物中心，這麼做是對的，因為她連續一個禮拜都在下午五點半以前過來，而且每次離開前都會給我一張百元鈔票。現在我可以說，如果我們每年能拿個一、兩次百元鈔票，就該偷笑了。這種好康可不是天天都有。

在那一段夢幻時期，派崔克找到伽利略街上一家亞洲餐館，願意以兩歐元的價格賣超好喝的餃子米粉湯給他。我們一邊吃，一邊乞討。我們也發現一家在瓦格拉姆大道上的自助餐廳，只要七歐元就能吃一餐。

那段時期唯一的問題來自派崔克，他實在喝得太凶了。兩瓶蘭姆酒或威士忌。他只要一有錢就買醉，有時候喝得太多，倒地不起，消防員和碧麗熙的店員帕絲卡救了他好幾次；帕絲卡有救生員的執照。派崔克不肯上醫院，他告訴我們，如果他一定得死，那就死在街頭。

他經常痛不欲生地聊起他自己和他的女兒。他告訴我們，他曾在路易・威登的高級皮件工坊工作過，製作穆勒鞋[1]。當時的他衣食無缺。他甚至開過保時捷Targa。

他跟我說，有一天他愛上一個巴西女人，愛得死去活來，為了她什麼都不要了。他帶著她離開，去了葡萄牙，但是他很快就把積蓄花光光，然後那個女的就把他甩了。他身無分文回到法國，苦難就此展開。沒有錢，沒有工作。我想他是從那個時候開始喝酒的。

派崔克依然是個親切的傢伙，帕哥和我都很喜歡他。我們是一群好哥兒們，我們一起度過愉快的時光，我們有共同的錢箱。要是我們之中誰生病或是太累了，他依然拿得到他的那一份。

◆碧麗熙的員工

碧麗熙購物中心的員工都對我們很好，如果我們零錢太多，他們會幫忙換成鈔票。雜貨店的米蘇、看顧雪茄專賣店的亞歷山大或菲利浦、高級餐廳的服務生們、皮耶、藥房的員工以及其他人都對我和我的朋友很酷。

藥房老闆會為我的健康提供建議。封丹先生是香榭麗舍大道那一頭的餐廳經

註1：Mules，一種後腳跟沒有包覆的皮製平底或高跟涼鞋。

理，他雇用我的兒子凱文，並且會在我沒有把鬍子刮乾淨的時候臭罵我一頓，他說：「我們永遠不應該放任自己邋裡邋遢。」

羅宏、伊布拉因、奧古斯丹、薩柏和巴巴這些警衛們，會在我一毛錢也沒有、天氣又很冷的時候，塞個兩歐元給我，讓我喝一杯咖啡。

碧麗熙購物中心的大老闆特齊安先生外表很冷漠，我不太敢跟他說話，在他面前我很害羞，不過他很和善，總是向我道早安。有一天，他提議我當他的司機，但是我沒有駕照。他希望我能做乞討以外的事。也許他是對的，不過我自食其力慣了。

最後乞討變成我的職業。我混得還不錯，逐漸學會怎麼跟朝聖者攀談，尤其是怎麼物色他們。我變成乞討的行家。

說到底，這不就跟其他職業一樣是一份營生嗎？沒錯，乞討有時比某些工作還苦，但是我們可以接觸很多人，我們有朋友，還可以在街頭遇到一些很不賴的人物，不必被囚禁在辦公室裡，我們的工作時數很自由。

我不喜歡約束，不喜歡當不了自己的老闆。反正除此之外，我什麼也不會。

◆賈邁爾的生日

賈邁爾常常來碧麗熙購物中心陪我。他的出現很令我開心，除非他喝得太醉。這就是他的問題，他太常把自己灌醉了，然後他會變得很粗暴，讓人害怕，這樣不利乞討。只有我有辦法讓他靜下來，他怕我。只要他太醉，我就會趕他走。

隔天等他酒醒，鎮靜下來，我會刮他一頓：「你昨天他媽的搞什麼鬼？每個人都被你煩死了。你差點害我們丟掉飯碗！碧麗熙的人可不高興……」

除此之外，他不是個壞人，只是一個人孤孤單單，又睡在街上。他生日那天，我買了一包菸給他，他很高興。我請他去「多維爾」喝一杯，我倆各自喝了足足十幾杯啤酒，因為他生日嘛。走出店門口的時候，我們都有點茫了。接著去卡內特街的夜店，再到一家有我熟人在的酒吧續攤。我酒吧裡的朋友祝他生日快樂，一個女孩爬上吧檯，在他面前搖臀扭腰，把胸部秀給他看，他看得好開心。她是我在畢加勒區認識的一位脫衣舞孃。他永遠也忘不了這一夜，每次我們見面他都會提起。

◆塞爾維亞佬

「塞爾維亞佬」是我們幫他取的綽號。他在這一帶流連，說自己沒辦法脫離苦海。我幫了他一把，塞點零錢給他買東西吃。他說自己缺錢缺得厲害。不過他是個狗雜種，對我不老實，在我背後搞鬼，想偷走我的客人，就是那些買東西的時候請我幫忙看車的顧客……最後我就把他轟走了。他說他口袋空空，手上卻戴著一只卡地亞手錶。要是他真的淪落到糞坑裡，只要賣掉他的卡地亞就好了啊！

現在我把他攆走了，我知道他一直在等我離開或是趁我不在，過來占我的位置，搶我的生意，尤其是說我的屁話。

一位開黑色法拉利的常客，晚上經常到購物中心來，也許是上香菸鋪，因為我幫他看車，他總是給我大把大把的零錢。他有一次告訴我：「那個代替你的人跟我說你很闊耶，什麼都不缺，我得把錢給他。」竟然說這麼卑鄙的話！明明我就過得苦哈哈。

於是我決定逮住塞爾維亞佬。幾天後我碰到他，在他來得及反抗之前，我就先往他臉上招呼了一個耳光，告訴他我不喜歡渾球，他再繼續這樣子的話，我會把他揍得稀巴爛。之後我再也沒見過他。可悲的傢伙。那鳥廝在你面前鞠躬哈腰，到了背後就砲轟你……媽的我受不了。

◆黏在人行道上的大狗屎

街頭是個冷酷無情的地方。必須忍受行人，面對侮辱、唾罵、不屑的眼神。別人經常認為我們屁也不如，像是一塊黏在人行道上的大狗屎——某天有位先生就是這樣對我說的。

別人會鄙視你，辱罵你，我就聽過好幾次：「你只要跟其他人一樣去工作不就好了！」「穿得那麼好，一定是偷來的吧……」「我有錢，但我不給懶惰蟲。」「滾回你的國家去，少在這裡礙眼。」甚至有人把我當成「混蛋外國人」……我在這裡出生長大，是法國人啊。

記得那天在蒙田大道上，我靜靜地喝著咖啡，抽著菸，坐在一家精品店旁邊，面前放了一個小碗，碗裡頭有幾枚銅板，讓行人看見我在乞討。

一位女士從面前走過，我好聲好氣地向她要一點零錢吃飯，她看著我，嗆了一句：「你把人行道弄髒了，我就住在這裡，最不喜歡窮人了。」我呢，就頂了回去：「您是個勢利鬼，但是勢利也保護不了您，誰知道明天會發生什麼事。」她沒再多說，聳著肩膀走開了。

在我接近某些人的時候，他們常常會掏出手機裝忙，一離開我面前，就會把手機放回口袋裡，這樣他們就不必給我零錢。我很清楚這種伎倆，老套了。有些人看到我的時候，會改走人行道另一側；有些人會開始咳嗽，或是加快腳步避開我，不然就是假裝在找遠處的某個人，或是閱讀報紙的第一頁；有些人一張臉拉得比馬還長……而且，他們都以為我沒注意到這些小把戲。

我也碰過商店老闆娘偕同警衛出來，語氣堅決地請我到遠一點的地方乞討，這在蒙田大道很常見。有一天，我回答：「人行道是大家的。」

不是每個警衛都像碧麗熙購物中心的警衛那麼和善，有一些人會吼到我們移開為止。大人物的保鏢有時候會冷酷無情地看著我們，像是我們會去攻擊他們的保護對象一樣。

有一次，亞蘭・德倫這位演員嗆我：「我知道你要什麼，但是你什麼都拿不到，所以不用浪費我的時間了。」這男的，好一個差勁的傢伙！

面對混蛋、小氣鬼和勢利鬼是很辛苦的事。碰到某些充滿恨意的行為時，還要保持禮貌很不簡單。幸好總是有慷慨又懂得體諒的人。

還有，在雨天乞討也是苦差，如同俗話說的「撐開雨傘，關上荷包」。那時候就只能躲進咖啡廳，賞自己一小杯黑咖啡了。

10 生活重燃希望

當時是二〇〇五年，我跟帕哥一起待在伽利略街的麵包店對面，大約十點左右，帕哥還在睡覺。一位先生走過來，對我們說：「怎麼樣，兄弟，想要二十元嗎？」然後給了我們好幾張鈔票。他和我們聊天，問我們幾個問題，我們說日子過得很苦。他自稱羅伯・何森，正在籌備一場即將在法蘭西體育場演出的大型表演《賓漢》，如果我們願意，他想雇用我們當臨時演員。

因為我有手機，就給了他電話號碼。他離開之前，又給我們一張鈔票，還對我們說：「千萬不要剪頭髮，我的戲需要你們留長髮。我住得不遠，會再過來看你們，幫你們一把！」能認識羅伯・何森是多麼幸福的一件事！他就像承諾過的那樣，又回來給我們幾張鈔票，跟我們聊天。無論是在碧麗熙購物中心或蒙田大道，我都碰過很多有錢人或是重要人物，他們走下華貴的轎車，穿得跟王宮貴族一樣稱頭，腳踩擦得啵兒亮的名貴好鞋，從精品店出來的時候帶了許多巨大盒子。我看過有名的歌手和知名的演員，他們都裝作沒有看見我，這樣就不必給錢了。他們出殯那一天，那些滿到快爆開的保險箱會跟在靈柩後面，等著一起下葬。給一點零頭小錢又不會破產。他們越是有錢，就越是吝嗇。

我很希望有個像羅伯・何森那樣的父親，說不定我就能當上考古學家。我一直對恐龍、馬雅、阿茲提克、埃及金字塔充滿熱情。但是，我不僅沒有這樣的父親，反而有個從來不在身邊的母親、酒鬼父親和變態養母。

有時候我會納悶：「我為什麼會出生？」我一事無成。我不存在。有時候我想自殺。可是我有孩子。唉，我也不知道……有時候，我受夠了街頭，受夠了這種通常很難捱的生活，受夠了這種苦日子。但是偶爾會有人伸出援手，不把我當狗，以正常的眼光看我。

有一天早上，我和帕哥待在伽利略街的麵包店前。這時我的電話響起，是羅伯・何森的助理，我們約好要去簽《賓漢》的工作合約。我想是二〇〇六年吧。我向帕哥宣布這個好消息，但是他拒絕同行。他說他欠了一筆債，如果他去了，債主就會找上門，我只好單獨赴約。我還是很開心，幸運之神總算對我笑了。我簽了合約。我就要在數千名觀眾面前表演了。我確信自己受到神明保佑——一個可悲的街友變成演員，這是奇蹟呀。

排演大約持續了兩個月。我演了四個角色，其中之一是賓漢的奴隸。這個角色的伴，是一隻名叫「西北風」的驢子。牠真是一位好演員，知道何時輪到我們上場。牠喜歡胡蘿蔔，我每天都買給牠吃。

排演期間，我花了很多時間在馬廄看馬。我們在法蘭西體育場用餐，五法郎就有超級美味的一頓飯。飯錢是羅伯・何森幫我付的，他知道我沒錢，因為我這段期間幾乎不再乞討了。

我認識了一些傑出的人物：羅伯的兒子皮耶・何森也有演出，他是個偉大的演員；還有史蒂文，他本來是歌手；以及瑪麗—薇克托爾・德布雷，我認識她的父親尚—路易・德布雷，他晚上會騎腳踏車到碧麗熙購物中心來。

我也認識了尼可拉，他一直是我的好朋友。

羅伯・何森做事鉅細靡遺。他眼觀四面，就連演員站位的一點小瑕疵都逃不過他的法眼。他告訴我們，他要完美。他能同時顧到所有演員。我真得脫帽向他致敬哪！

我第一次上臺的時候有點怯場。體育場裡坐滿了觀眾，把我嚇傻了。我希望羅伯・何森滿意我的表現。我演得好過癮。這段時間我過得很快樂，永遠也忘不了這些神奇的時刻。我不再是個在街頭乞討的可悲窮光蛋，而是在數千又數千個觀眾面前表演的演員。我覺得自己正在做一場不同凡響的美夢。

當表演如同預定計畫，演出了五次就終止時，我很傷心。但是羅伯・何森沒有拋棄我，我在巴黎體育宮[1]再度演出《賓漢》，接著出現在他另一齣關於若望・保祿二世的戲裡。

在法蘭西體育場的日子結束之後，我又回到購物中心。帕哥消失了。四年後，我偶然遇到他，他依然偶爾在地鐵裡乞討。派崔克在克萊貝爾大道乞討，不定時會回到購物中心。他跟以前不一樣了，瘸了腿，看起來很累，飽經風霜，身體也很虛弱。他告訴我有一位太太在照顧他，但是他身體很差。他終於從這一

註1：Palais des sports，位於巴黎第十五區的室內體育場，也是知名的藝文演出場地。

帶消失了，之後聽說他死了。

我失去我的摯友、我的知音，我愛他們如同我的親兄弟。我再次變得孤單一人。我持續到購物中心來。有些日子順利，有些則沒那麼順遂，但是大致上還過得去。

◆您就是我的總理

有一晚，尚—路易・德布雷騎腳踏車來碧麗熙購物中心，我馬上就認出他了。我很驚訝他會騎腳踏車代步，但真的是他，而且我之前就注意過好幾次了。我對他說：「您真該去選總統！」他哈哈大笑，回答我：「我要是總統，您就是我的總理。」這句話讓我倆笑翻了。他告訴我，他比較喜歡寫作，還建議我把自己的人生寫下來。但是我連字都寫不好。

「只要描述您的歷程，您是誰，怎麼淪落到碧麗熙這裡，您一定有關於街頭、關於在那裡認識的人的故事可以說。」他又說，要是寫得好，他可以找到人出版。這個提議讓我超級開心，我的精神也為之一振。

我沒有立刻進行。我提不起勇氣，但是這個想法在我腦子裡徘徊不去。我要從哪裡下筆，說些什麼才好？我沒上過什麼學，而且就算我去上學了，也從來不是好學生。我不是人家說的那種「書呆子」。我當然識字，而且偶爾也看報紙，但是我已經好久、好久沒有打開過一本書。至於拼字嘛，不是我最拿手的事。

描述街頭的生活，誰會有興趣呢？我只是個要飯的傢伙，追著那些會塞點零錢給我的朝聖者跑。我盡量靠自己想辦法活下去。我運氣不好，但是我並不抱怨，我是自由之身。我常常過得苦哈哈的，但是我仍然有美好的回憶，曾經有好朋友，而且開心大笑過。

每次他來到購物中心，就會跟我提起這個計畫，激勵我就算很難也要去寫。

有一次我和他去喝咖啡，有人看見我們在一起。之後那些人問我：「你認識德布雷喔？」他們想知道我們在聊什麼，於是我說：「我在寫一本書，然後他會幫我出版。」我掉進他為我設下的圈套。我上鉤了。

我開始動工。我買了幾本簿子，開始寫。

有一晚，他過來碧麗熙購物中心簽書，問我有沒有進展，我回答得很肯定，說我已經寫滿了一本。

每次看見他，我就會告訴他我有進展，而他總是鼓勵我再接再厲，之後會再和我一起重看一遍。他告訴我，重要的是把腦子裡想的東西盡情寫出來，想到什麼就寫什麼，之後總有時間回頭整理這些故事。

◆形形色色的大人物

這些年來，中午十二點到晚上十一點我通常都待在「金三角」——蒙田大道、喬治五世大道和香榭麗舍大道上的碧麗熙購物中心——在那裡碰過不少大人物，有一些人很親切，其他的就沒那麼好了。

蓋德・艾麥漢[2]有一陣子經常到購物中心來，現在倒是很久沒見過他了。他以前常常給我一點錢。有一晚，我問他能不能讓我在他的電影裡軋一角，還告訴他我當過羅伯・何森的臨時演員。

有一天，他請助理打電話給我，說電影《可可》裡面有個小角色要給我。我當然接受了，我的夢想是當演員。我去美麗城拍了一場戲，場景在咖啡廳裡。我們有三個人，一個猶太人、阿拉伯人和法國人——我。蓋德・艾麥漢（也

註2：Gad Elmaleh，1971年出生於摩洛哥，知名喜劇演員。由他親自編導、演出的電影《可可》（Coco）於二〇〇九年上映，票房成績不俗。

就是可可）走進咖啡廳，跟我們玩牌。我必須對他說這類臺詞：「你現在身上有幾個錢，尾巴就翹起來了啊，連老朋友都忘啦！」結果剪接的時候，這一幕被剪掉了，好失望啊！不過我拿到四百歐元。

拍攝《可可》之前，我在碧麗熙裡拿到一本專刊，瞥到電影《計畫趕不上變化》[3]徵求配角的廣告。我被錄取了，在里昂車站拍了一場戲。我扮演車掌，在和同事說話。那一幕沒有被剪掉，這半天的戲讓我賺到一百二十歐元。

我在碧麗熙前面見過「婦科醫生」[4]，他很和氣，買菸給我。我偶爾會跟他喝一杯。

傑哈・朱紐[5]就沒那麼友善了。他老是在電影裡面演窮光蛋，卻不喜歡我這種窮鬼。賈梅・德布茲[6]也一樣，從來沒給過一毛錢，連看都不看我們一眼。反之，蜜莉葉・達克[7]人就很好，會跟我們打招呼，打聽我們的健康狀況，還會給我們一點零錢。

對我來說，最糟糕的是亞蘭・德倫。他自大又冷漠，說話的口氣很差，叫我們閃一邊涼快去。有一次我走向他，他一看到我過來就說：「我知道你要什麼，我什麼都不會給你。」然後掉頭就走。跟尚—保羅・貝爾蒙多[8]簡直是很大的反差。我在香榭麗舍劇院前碰到他，他給了我十歐元，超級親切，就跟尚・侯謝弗[9]一樣慷慨。

註3：Le Code A Changé，二〇〇九年上映的法國荒謬喜劇電影。

註4：Doc Gynéco，法國饒舌歌手、作曲家。

註5：Gérard Jugnot，生於1951年，法國名演員。

註6：Jamel Debbouze，生於1975年，法國搞笑藝人、演員和製片。

註7：Mireille Darc，生於1938年，法國演員、導演。

註8：Jean-Paul Belmondo，生於1933年，名作之一是新浪潮導演高達的《斷了氣》（À bout de souffle）。

註9：Jean Rochefort，生於1930年，法國名演員。

馬勃夫街、法蘭西斯一世街，以及蒙田大道、喬治五世大道，這些地方帶有一點夢幻，讓人目不暇給，比在電視上看到的還要好。雅尼克・諾亞[10]、艾利克與哈姆西[11]、尚—米榭・賈爾[12]、西利爾・阿魯那[13]、米榭・德魯凱[14]、羅曼・波蘭斯基[15]……他們都很喜歡被路人認出來，但是被我們這種乞丐認出來就沒那麼開心了。有些人還是會塞給我們一枚銅板啦，有時候比零錢多一點，但不常發生。米榭・沙杜[16]或傑哈・勒諾爾曼[17]的態度就不是這樣了，對他們來說，我們微不足道。

就像那位我常遇到、顯然不是在錢堆裡打滾的老奶奶一樣，小人物通常比較慷慨，總是毫不猶豫地給予我們一些鼓勵或慰問。我們在街頭碰到的並不只有明星。

註10：Yannick Noah，生於1960年，前法國網球國手，也是法國歌手。

註11：Éric et Ramzy，法國諧星雙人組。

註12：Jean-Michel Jarre，生於1948年，法國電音藝術家，以舉辦有獨特聲光效果的大型戶外音樂會著名。

註13：Cyril Hanouna，生於1974年，法國電視主持人、製作人。

註14：Michel Drucker，生於1942年，法國電視、電臺主持人。

註15：Roman Polanski，1933年出生於法國巴黎，猶太裔導演、編劇、演員。

註16：Michel Sardou，生於1947年，法國樂壇的常青樹歌手。

註17：Gérard Lenorman，生於1945年，是法國歌手、作曲家。

11 一起乞討的夥伴

◆波蘭佬拉斐爾

二〇〇七年三月，一個大塊頭向我走來，我注意到他缺了一顆門牙。「波蘭佬拉斐爾」是我給他取的綽號。他問我附近哪裡有雜貨店，問我需不需要買什麼東西。我說我要可樂，叫他去伽利略街上的店。他帶了一罐可樂回來。

我們聊了起來。他說，他和另外兩個波蘭人一起住在敘雷納[1]碼頭的一艘船

註1：Suresnes，位於法國巴黎西郊，塞納河左岸。

上，作為交換，要為船主無償工作，因此他不得不出來乞討。我只有一個人，便提議他和我一起到碧麗熙乞討。我提出幾項條件：必須對在那邊來往的人親切有禮，要守規矩；我負責看車，討來的錢兩人平分。他接受了，然後送我一根香菸表達謝意。

到了十二月，聖誕節的前夕，我們手裡拿著一杯伏特加，一邊乞討。碧麗熙購物中心裡有免費的品酒會，我們喝了不少，已經醉醺醺的，但是看不太出來。這是狂歡的日子，所以大家都很慷慨。我們很快樂，一起開心歡笑。

十二月三十一日這天，我們在瓦格拉姆大道上一間酒吧豪飲啤酒，一邊等待午夜到來。我們狂歡到深夜，直到凌晨一點。雖然喝得很撐，但我們還算清醒，互祝新年快樂，相約隔天早上十一點前在碧麗熙購物中心碰面。

他沒有來，我想他應該是醉到不省人事，所以並不擔心，繼續一個人乞討。

到了傍晚，一位碧麗熙的常客問我有沒有看到電視新聞，還問我拉斐爾是不是住在敘雷納碼頭附近的船上。他見過我和拉斐爾在一起。我說是，於是他告訴我拉斐爾死了，警方找到三具死屍。拉斐爾和那兩個波蘭朋友在船艙裡升火，被煙嗆死了，警方找到他們的時候，三人都已經沒有生命跡象。

我很難過，怪自己讓他離開。他本來要我去他們那裡過夜，但是我不想。

他是天主教徒。我和尼可拉（我曾經介紹他和拉斐爾認識）去蒙馬特的一座教堂，向修女解釋我們來的原因，還有為什麼我們希望辦一場追思彌撒來紀念他。那個禮拜天，我們參加了為他舉辦的彌撒。

還有一次，我聽說一位對我很好、常到碧麗熙來的年輕女士過世了。死訊是她朋友告訴我的。我上教堂點了一根蠟燭。她二十六歲，有一雙美麗動人的藍眼睛，常常買東西給我吃，真的是人美心也美！

我再度孤伶伶地待在碧麗熙前。這個情況持續了一、兩年。我忘不了那些身陷苦海的哥兒們、陪我一起乞討的伙伴，忘不了那些街頭的密友、兄弟，我們分享人生、鬥道，我們共患難、同歡笑，我常和他們一起喝啤酒打氣。我們有時候會互相叫罵，但總是很快就沒事了。天冷的時候，我們彼此取暖；天氣晴朗的話，我們一起欣賞路過的正妹、名車、巨型重機……我記得喬治・巴桑[2]那首歌《好友至上》（Les Copains d'abord），我們之間就是這種感情。

我再也不想跟其他人有什麼牽絆了，但我總得吃飯，所以我像個機械人一樣繼續乞討。

◆最資深的「前輩」

對我們來說，夏天是一段很慘澹的時期，觀光客不願施捨，而我們慷慨的顧客又度假去了。我們只能很辛苦、很辛苦地賺。

某個八月天，我看見一個傢伙走了過來。他自稱第八區最資深的乞丐，已經討了四十年的飯，夏天對他來說也很不好過，所以決定要拿走我在碧麗熙前面的位置。他告訴我，我被驅逐了，建議我到別的地方去。我沒有讓步，畢竟我比他先來的，沒道理要隨便他處置。但反正我受夠了孤單一人，所以提出兩人一起乞討的建議。他接受了。

他超會乞討的，沒多久我就覺得他很和善，他也稱讚我的技巧。我們整個八月都一起工作。為了彌補顧客不足，我們一起乞討好幾個鐘頭，很晚才收工。

到了九月，「前輩」因為跟我很處得來，就把他口中的黃金三角——法蘭西斯一世街、喬治五世大道、馬勃夫街、蒙田大道——介紹給我，他通常在那裡乞討。真是一個豪奢的世界，一切都這麼華麗，旅館、商店、女孩，聞起來都

註2：Georges Brassens，1921-1981，法國歌手、作曲家、詩人。

是錢味，汽車都很高級。他還告訴我哪些地點和時段的成果比較好。

每個人都認識他，他也把我介紹給別人認識，有點像前輩帶著剛入行的新人那樣。他主要把我介紹給泊車小弟，這些都是重要的人物，最好跟他們打好關係，這樣乞討就可以容易一點。巴亞爾街上的泊車小弟薩拉和他的兄弟索菲安，之後總是想方設法地幫我。

我也認識了在這條街上開三明治店的羅宏，當我肚子餓卻又不夠錢吃一頓飯時，他會給我東西吃。而且到了鈴蘭季[3]，他還會把會員卡借我，讓我去漢吉斯生鮮市場[4]買便宜的鈴蘭花，拿到碧麗熙門口賣，利潤不錯。

知名演員葛雷哥里・蓋德布瓦[5]經常給我一點零錢，有一天這位善心人送了我兩張戲票，請我去欣賞他的表演。我和好朋友丹尼一起去。

◆幽默感是有回報的

根據前輩和我自己的經驗，我知道幽默感通常會有回報。乞討時，最好說些像是「拜託，讓我去谷雪維爾[6]度假」、「讓我到廣場酒店睡個覺吧」、「讓我去侯布雄（Joël Robuchon）的餐廳吃飯」或是「去參加流浪漢的時尚週」，再不然就是「去參加流浪漢的國慶日」……這類內容會逗得大家呵呵笑，然後他們就比較樂意施捨給你。

幽默感的效果很神奇。擺臭臉一點好處也沒有。我還在卡內特街上的餐廳工

註3：法國人有在勞動節互贈鈴蘭花的習俗。

註4：Rungis，世界最大的生鮮食品供應市場之一，巴黎專業廚師通常來此購買食材，可謂「巴黎的胃袋」。

註5：Grégory Gadebois，生於1976年，法國演員。

註6：Courchevel，位於法國薩瓦省（Savoie），是度假滑雪的勝地。

作的時候，很快就發現比起給人不客氣或是沒教養的感覺，只要對客人很親切的話，拿到的小費就會比較多。乞討的道理也一樣。

每當我看到眉頭不展、脾氣不好的人板著臉，就會建議他「免費到我的帳篷底下一日遊」，「保證充滿異國情調以及驚心動魄的感受」。要是這還不能撫平他眉頭上的皺紋，那就不應該和他浪費時間。對乞丐來說，這個人沒戲，就要把目標移到另一位客人身上。

我習慣待在香榭麗舍劇院附近，很多劇院常客都認識我，知道我人既不壞，也不凶暴，還可以逗他們笑，所以他們通常對我很大方。

我記得經常造訪這間劇院的凱特琳和傑哈，他們知道我喜歡吃巧克力，常常帶巧克力來給我。

我走到哪裡都會碰到超酷的人，可不只有屎臉王。遇到這種人的時候，我以舒展他們的愁眉為樂。一看見他們把手伸進外套或長褲的口袋裡時，我就很開心，等於我贏了；如果他們拿出的是一張紙鈔，我就覺得自己很屌。這感覺真好。

◆我的好朋友丹尼

我在碧麗熙認識丹尼，但是他不乞討，他是吉普賽人。我認識他的時候，他酒喝得正凶，然後呢，突然說戒就戒了，五年來滴酒不沾。我偶爾會喝過頭，醉得像灘爛泥，都是他把我撿回去的。跟其他人不一樣，我不會發酒瘋。有一天，我狂喝了至少十幾杯，完全沒辦法在碧麗熙前面幹活。就在我醉得亂七八糟的時候，丹尼和他的朋友過來把我架走，讓我坐進他們的車子裡，帶我去聖傑曼德佩的一間酒吧吃點東西，退掉體內的酒力。我當時很舒服，氣氛也不賴，以前在卡內特街上工作時認識的服務生巴提斯，請我喝一杯餐前啤酒和一杯餐後梨子酒。我的精神超好，想讓他們見識一下畢加勒區香豔刺激的酒吧，但是我那副模樣讓他們遲疑不決。我很堅持，所以他們還是去了，但是一到那邊很快就想走了，要把我送回住處。但是我想留下來尋歡作樂啊！他們不想把我一個人留下來，至少一開始是這樣。我還記得那天是二〇一一年十一月十五日。我的行為逼得他們最後還是走了，而我盡情狂歡了一番。

之後我就不太清楚發生了什麼事，只知道我的手機丟了。我爛醉到甚至記不起來自己是怎麼回家的。

從那時起，我就不喝酒了，至少不過度。我很小心不再把自己灌醉。我很幸運能全身而退，沒把自己喝廢。一開始不喝酒很難熬，我就靠咖啡來補償。

我和丹尼再見面，他在一旁看著，協助我戒酒。我們偶爾會去蒙馬特喝杯歐蕾咖啡，就是不喝酒。好險有他在，免得我走上歪路，泡在酒精裡面。我重返碧麗熙乞討，也是那時候認識了米胥里和他的狗吉娜。

◆吉娜被偷走了

我很喜歡米胥里，是真的，雖然我們之間曾經很不愉快。我們剛開始一起乞討的時候很順利，但是他嫉妒我。自從我常去碧麗熙之後，我成了熟面孔，這讓他很不是滋味。他試圖煽動某些流浪漢跟我作對，說了一些我的屁話，像是我不老實啦或是這一類的老調。他是個渾球，在我面前裝腔作勢，背地裡是個下三濫。他知道我想打得他腦袋開花，就帶了五個朋友來碧麗熙，其中一個試著挑釁我，這樣他就可以一拳轟在我臉上。丹尼收到我的通知趕來，米胥里因為尊敬他，這整件事才平息了下來。後來我們就相處得很融洽。

他的狗吉娜是一隻德國牧羊犬，右腿打了一根鋼釘，所以跛著腳。

吉娜是他的伴，他們總是在一起，沒有對方就活不下去。他們相親相愛，幸福美滿。米胥里睡在蒙田大道的花園旁邊，他在一面大陽傘下擺了一張舊沙發當床，旁邊有一個給吉娜的籃子。

他通常很晚才到碧麗熙，到了以後會先在噴水池附近照料吉娜，幫牠梳毛，摸摸牠，幫牠洗澡，之後才開始乞討，而當他湊足了零錢，就會買東西餵吉娜。他優先照顧吉娜，再來才想到自己。吉娜隨時都陪在他身邊。必須幫吉娜注射疫苗的時候，羅伯・何森幫忙出了錢；當吉娜生病需要治療的時候也一樣。

吉娜和我們一起乞討，牠吸引路人，會躺下來讓人摸牠。大家都很喜歡看牠擺姿勢。這個吉娜好有趣，真是個好樣的女演員！

有一天，米胥里哭著過來，跟我說有人趁夜偷走吉娜，他沒有發現。怎麼安慰他都沒用。他跑遍整個區域尋找吉娜，但是一無所獲。他說沒有吉娜他活不下去，日子已經沒有希望。他四處張貼啟事，萬一誰找到吉娜，上面有他的手機號碼。但是沒有消息。

每一天，他的情緒都更低落，再也不是原來的他，流著眼淚，萎靡不振。他不笑，也幾乎不再說話，他崩潰了。

有一晚，他告訴我他該搬走了，他沒辦法在這個和吉娜生活過的地方睡覺。他不想背叛吉娜，再另外養一隻母狗。

◆弗雷想自殺

我在法蘭西斯一世街和馬勃夫街的轉角乞討時，遇到一個明顯不對勁的人。他低著頭走路，誰也不看，在藥房前面來回踱步，就像個機關人偶。

我走到他身邊，他告訴我他丟了飯碗，被老婆踢出家門，他想自殺。他受夠了他的人生，媽的什麼都不在乎了。他那個樣子看得我難過，很顯然他已經支撐不下去了。我們每個人都經歷過這種感覺。我們孤伶伶的，受人侮辱，有一些人，像我，還有辦法混得下去，但並不是所有人。我認識一些傢伙根本就是泡在酒裡，喝那麼多就是為了不必去面對現實以及其他人的眼光。他們很快就墮落了。

我想幫他打打氣，就跟他聊了起來。我告訴他，好日子還會回來的，我的人生也不總是玫瑰色的啊。他說他已經沒飯吃了，我提議教他乞討，我們一起工作了一年。我教他乞討的時候要笑，還要親切有禮。那是一段挺不賴的時光。

他想回喀麥隆的老家，他在法國已經不快樂了。有一天，他消失了。我想他回到了喀麥隆，而且過得很快樂。我再也沒有他的消息。我們這些人的世界就是這樣，來來去去，萍水相逢，沒有說再見就分手，然後相見無日。

街頭依舊是很嚴酷的地方，很難在那裡維持生計、安身立命。抵抗那些想要推開你、想把你趕走好占你位置的人，還有淋雨受凍，全都是苦差事。而接受某些像是「你最好還是去工作」這類批評或是充滿鄙夷的白眼，更是困難。但那就是我的宇宙，我的世界。

我可以想去哪裡就去哪裡，想喝咖啡就喝咖啡。儘管我吃了那麼多苦頭，卻再也不知道我是否真的捨得離開這個世界……我還能幹嘛？要去哪裡？

街頭已經與我融為一體。我喜歡和我一起乞討的伙伴，和他們笑鬧，也喜歡偶爾遇上好人的片刻，以及好運向我招手的那些日子，還有往我手裡塞鈔票的那些朝聖者。我花了大把的時間等待、乞討，仍有一些畢生難忘的時刻。

◆「老外」巴斯卡

有些邂逅讓我留下深刻印象，每每回想起來，全是歡樂及友愛的時光。我先前已經提過一些。

巴斯卡原籍留尼旺群島[7]，皮耶—夏洪街是他的棲身地，他睡在那裡。他是個高壯的漢子，跟我很合得來。我們幾乎每天碰面，一起吃午餐，然後在「牛排驛站」門前乞討，直到下午三點。接著是一天裡的中場休息時間，我們常常在馬勃夫街上的酒吧小坐一會兒。我們在那裡很自在，一起吃根熱狗，不貴又美味，老闆和員工都很和善，放我們清靜。然後我們各自回到自己的地盤乞討，接近晚上九點時，在馬勃夫街和法蘭西斯一世街轉角的舊藥局前面會合，再一起工作一到兩個小時。然後我收工，他則繼續乞討。

他想到一個很聰明的點子：把杯子固定在一根棒子的前端，有點像釣竿上的魚餌。這招常常逗得某些朝聖者哈哈笑。

和巴斯卡在一起，我又找回那種以前曾在其他人身上體會到、對我非常重要的患難相扶的感覺。我是喜歡自由，愛做什麼就做什麼，但老是一個人在人行道上乾等；如果我們有兩個人，就更容易打發時間。條件是要合得來，跟巴斯卡在一起就很不錯。

◆米歇爾・巴勒迪

他在我們這個街頭世界裡，有點像個英雄。他是我的朋友，我老是在馬勃夫街上的「強尼家」酒吧遇到他。

他在香榭麗舍大道上乞討。

這是世界上最美麗的大道，是巴黎聲名遠播的動脈。它讓這個美麗的形象散

註7：Réunion，位於印度洋，隸屬法國的一個火山島。

布各地，而那些乞討的人，那些邊緣人，都讓這個形象黯淡無光。因此那裡的人沒辦法容忍我們太久。觀光客不該太常意識到巴黎有流浪漢，至少不應該在香榭麗舍大道上。所以警察經常應精品百貨老闆的要求，把我們趕到別的地方。

米歇爾習慣站定在「單一價超級市場」附近，身邊陪著他的兩條狗，他們形影不離。他老是被巡邏的警察攆走。有一年的十二月，他想到一個主意：把自己打扮成聖誕老人。他披上外套，戴著紅帽子和白色的假鬍子，上前跟觀光客或是超市顧客攀談。大家都很喜歡，特別是孩子，他們會拉著父母走到他身邊。警察不敢趕他走。這個點子棒呆了，之前怎麼沒想到呢？

但我想他是到了二〇〇一年，打了某個傢伙一巴掌之後，才得到他的媒體榮耀。那個傢伙沒有得到他的允許，就拿著相機不斷對著他掃射，最後把他惹火了，他的反應很激烈。那個魯莽的人物叫做法蘭西斯—馬利・巴尼耶[8]，是一名時尚攝影師，他竟然跟條子告狀，說米歇爾叫他「玻璃」。真是可笑，米歇爾怎麼可能知道他是誰？他又沒把名字寫在臉上。

媒體大幅報導這個事件，米歇爾上了好幾次法國電臺（RTL）。我們都替他驕傲。

米歇爾告訴過我，說他受夠了每天跟人討錢、要飯、睡在街頭，這種日子快把他磨得不成人形了。他受夠了。他的夢想是脫離苦海，成為大樓的門房。

他上了電臺沒多久，不曉得誰聯絡他，然後他就當上門房了。好運對他招了手，但是為時甚短，不久後他就得了癌症，走了。那年四十六歲。

他的死訊，我是從他的朋友荷西那邊聽來的。荷西是「單一價超級市場」附近的報亭老闆。我聽了好難受，因為他從街頭鹹魚翻身了，那是他的夢想，卻

註8：François-Marie Banier，生於1947年，知名攝影師、作家、畫家。

沒有享受很久。我替他感到傷心，他是個好人。

◆船長

街頭到處都是我們無法忘懷的相遇，就算那些緣分都很短暫。我在尋找的、我所喜歡的，往往就是這個。和船長的相遇，就是我難以忘懷的邂逅之一。

那是二〇一三年的聖誕節期間。好些年來，我總是在乞討時戴上會發亮的聖誕老人帽，再用另一頂紅帽子取代紙杯。

前輩陪著我，我們行經馬勃夫街。舊藥局前的人行道上坐著一位高個子的先生，大約五十多歲。他沒跟我和前輩說話，所以不可能知道他是誰，然而我們差不多認識每個在這一帶乞討的人。

我們走近他。他戴著海軍帽，留著大鬍子，一身的藍衣服讓球鞋顯得很白。

他旁邊放著一個大型的附輪行李箱，的確是在乞討。我們幫他取了「船長」這個綽號。

接下來幾天，他還在那裡，我們經過時都會對他說：「船長早安。」他很喜歡這個綽號，也對我們打招呼，但很明顯並不想跟我們講話。

我從朝聖者那裡拿到好幾張餐券，我走過去塞給他一張。他向我道謝，但並不想拿，因為我跟他一樣都靠乞討過活。他最後還是收下了，坦承他因為沒錢，已經好一陣子沒吃飯了。

他很文靜、有禮，這勾起我的好奇心。我們稍微聊了一會兒。他告訴我，他在法國海軍待了九年，然後加入商船海軍，當上了船長。之後他就失業了。

我們一見如故，便一起乞討。晚上他睡在蒙田大道那座公園的一張長椅上，面對著噴泉。我陪他去，分手前一起抽根菸。我看著他準備他的床。

後來我們持續見面，一起乞討。他是布列塔尼人[9]。他在海上待了一段時間以後，有一天回到家，從憲警那裡聽說他太太被一輛汽車撞倒，和肚子裡的寶寶一起過世了。

他之後再也沒跟我提起這件事。接著有一天，他說他又找到一個女人，要和她同居。他跟我說再見，拉著行李箱走了。我再也沒見過他，然而我們一起度過歡樂的時光，一起露宿。他消失了。

也許他沒有對我說出全部的實情。但這是一次美好的邂逅，就算我們的緣分很短暫。我覺得船長跟我們這些人都不一樣，身上背負著不可告人的祕密。

有時候我去蒙田大道上的公園，坐在一張長椅上，就會想起他。也許有一天他會再回來，跟我傾吐他之前無法或是不願向我坦白的真相。

註9：Breton，法國西北部布列塔尼半島上的民族。

12 我相信上帝

我並不會因為待在一個特殊的世界裡，就對旁人的生活不感興趣。《查理周刊》（Charlie Hebdo）的記者被殺那件事讓我恨得牙癢癢；在超市抓住人質真是有夠惡劣，讓人無法忍受，就跟突尼西亞那幾次恐攻一樣；想到那個被人從背後殺害的警察，我就氣得咬牙切齒，實在太卑鄙了。任何理由都無法為這些罪行辯解——最起碼也要尊重他人的生命吧！

我不會因為自己是天主教徒，就要處決所有跟我信仰不同的人。而且老實說，我不懂為什麼我們要以宗教的名義殺人。我在街上碰過很多人，我壓根不想知道他們信什麼教，或甚至他們是否信教，我也不在乎他們認為我信什麼教。

那是他們家的事。

我不富有，我受過煎熬，吃過苦頭，我跟所有人一樣打過架，但是我反對戰爭。我不喜歡暴力。當然啦，我們不應該任人踐踏，不然別人會踩死我們，我們必須知道怎麼立威，可是我們不可以殺人。幹下那些事簡直可恥，而利用宗教來為這些罪行辯解更是可恥。

我小時候認識的神父曾經告訴我們：「上帝是愛。」天主教徒的上帝、穆斯林或是猶太人的神也是愛。那為什麼要以宗教之名互相殘殺呢？真蠢。我們必須停止教唆教徒彼此對立，每個宗教都是為了捍衛人類。

我信神，當我還是小鬼頭的時候就領過聖體。有時候我會走進教堂點一根蠟燭。我試著祈禱，用自己的方式祈禱，我相信神就在某處。走進教堂讓我感覺很舒服，它的寂靜給我力量。我經常停在聖母像前，我知道祂懂我，保護我，給我脫身的希望。

我當然不會每天早上都去望彌撒，也不會每個星期日都去，但是我很喜歡躲進教堂裡面。我在那裡感覺好舒服。我絕對不會在教堂前面乞討，我不是那種人。所以說，我信神，只是不守教規。

13 不跟同事談政治

選舉的時候我會去投票，對政治新聞也有點興趣。我的名字登記在羅曼城[1]的選民名單中。

當我還是個小鬼，甚至剛開始住在街頭的時候，對政治根本無感。我聽過密特朗的名字，但是腦中對他沒有什麼印象。戴高樂的名字稍微讓我想到戰爭，我知道他後來變成法國的頭子，其他的就不清楚了。我聽說過阿爾及利亞戰爭[2]

註1：Romainville，位於巴黎郊區的塞納—聖德尼省（Seine-Saint-Denis）。

註2：阿爾及利亞為爭取獨立，於一九五四年爆發對法國為期八年的戰爭，終獲獨立。

還有幾位將軍叛變的事[3]。但這一切對我來說，既模糊又遙遠。

政治與我無關，反正它也不能讓我過活，找到工作，脫離苦海。我的確會聽那些政治人物和記者在電臺或電視上嘰嘰喳喳，但是並不覺得他們的演說關我什麼事。

我偶爾會讀《巴黎人報》（Le Parisien）。每天早上搭地鐵前往乞討的地方之前，我會在咖啡廳歇腳，喝一小杯黑咖啡，吃一塊牛角麵包，偶爾也會翻開報紙。

我特別喜歡社會新聞，它們常常發生在我熟悉的那些地方。新聞裡提到的人有時候跟我們有點類似，而不是特權人士。最常見的都是一些被生活折騰得傷痕累累的人。政治新聞我只讀大標題，僅止於此。

我沒投票給霍蘭德。雖然一大堆人批評他，他還是撐下去了，他的思路依然清晰，人看起來也挺和氣的。

我搞不懂他幹嘛非要抽富人稅不可。拚命叫有錢人掏錢，以後法國就沒有有錢人了。有錢人可以讓人養家活口，有時候還會幫助我們。要是我們窮人不能再跟別人乞討，因為對方自己也沒錢或是全拿去繳稅了，那我們要靠什麼過活呢？我實在想不通。如果我們有能力，我們就會花得比較多，這樣子經濟才會變好啊，而且那些失業的人就更容易被雇用了。

薩科齊說如果一個人工作的時間比較長，就應該多賺一些，我不覺得有什麼好驚訝的，我甚至覺得這是個好主意。為什麼某些人聽了要怒吼呢？我一直都搞不太清楚。

的確，我比某些人的工時長，我理當賺得比他們多啊！為什麼那些懶惰蟲收進口袋裡的錢跟我一樣多呢？這不對嘛。我一整天的乞討時間很長，常常待到

註3：沙勒（Challe）、朱奧（Jouhaud）、薩朗（Salan）、澤勒（Zeller）這四位將軍，因不滿戴高樂欲將主權還給阿爾及利亞以解決衝突的政策而叛變。

晚上，直到最後一班電車，為什麼我賺得沒有那些在人行道上只待了一點時間的飯桶來得多呢？

我很欣賞席哈克，他長了一張和藹可親的臉。他看起來也喜歡其他人。大概三、四年前吧，有個晚上來了一輛黑色轎車，然後一位傢伙有點費力地下車。是他，我馬上就認出來。我對他說：「晚安，席哈克先生！」他看著我，對我笑了笑。他看起來沒什麼精神，保鑣攙扶著他慢慢走。看到一個曾經東奔西跑的人變成這樣，我好難過。他要去侯布雄的餐廳吃晚餐。他給了我十歐元，又對我大大地笑了。我好高興。

大家說要開放星期日營業，我並不意外，我那一天本來就會工作。要是某些人想在星期日工作，多賺一點錢，何必妨礙他們呢？

政治人物或是那些不小心被我朋友當成政治人物的人，有時候做作過了頭。

他們通常出手不大方。

共產黨的羅伯・于[4]來碧麗熙購物中心的時候，給了我五歐元，還對我笑。反之，我們以為會比較親切的梅朗雄[5]，一直都很冷漠，看不起我們，從來沒給過一毛錢。

我記得很清楚，某天傍晚，我看見一位先生騎著摩托車到碧麗熙來。他把車停好，脫掉安全帽——是霍蘭德。當時是總統大選的兩輪決選之間。我跟他說：「我知道您是誰！」他回答：「我是分身。」然後對我笑了笑，給我十歐元。真是太親切了。

現在有些人會在我上前要點零錢的時候嗆聲，像是「去找霍蘭德要不就好

註4：Robert Hue，生於1946年，法國政治家，曾任共產黨黨魁。

註5：Jean-Luc Mélenchon，生於1951年，法國政治家，曾於二〇一二年代表法國左翼黨參選總統。

了」或「錢都被霍蘭德搶光了，我現在窮死了」，講完還笑得很開心。

有些人講話比較難聽，像是「勒龐[6]當選的話，事情就不一樣了，以後就不會有人在街上騷擾我們……」不然就是「你只要去工作就好了，我們法國不需要懶惰蟲！等到勒龐當選，你就得去工作了，老兄！」

就算我是法國人，偶爾還是會聽到「滾回你的老家，他們很快就會趕你去工作」這一類的言論。

我不跟乞討的同事談政治，光聽這些不友善的評論就夠了。如果我們當中有誰是黑人或有色人種，偶爾就會聽到一些關於他膚色的惡評。我們常常碰到有種族歧視的人，有些人說他只給法國人錢。有時候會有人問我，想知道我不是羅馬尼亞人。

最好避免被人家認為你是從東歐、保加利亞或是羅馬尼亞來的。如果是這樣，就比較複雜了……

註6：RJean-Marie Le Pen，生於1928年，法國政治家，於一九七二年創立極右派政黨「民族陣線」，曾多次參選總統。

14 感謝志工們

只要有愛心餐廳或民防大隊的志工，還有其他熱心公益的自願者，就有閃閃發亮的陽光。他們過來慰勞我們，陪我們說說話，帶食物和盥洗用品來給我們。他們尊重我們，傾聽我們，既不評論我們，也不譴責我們。他們都很棒，從來不把我們看成大便，從來不會對我們大小聲。

我們這群街友，人行道上的窮光蛋，真的很需要他們，需要他們的陪伴，不光只有冬天很冷、下著雨、一陣狂風颳過來的時候。我們隨時都需要他們。他們一直在幫助我們，尤其是我們身體不舒服、有點生病的時候，他們就是大救星。

夏天時，志工對我們特別有用。長假一向是很難賺的時期，我們的「常客」都不在，觀光客又對我們有戒心，什麼都不給。天氣很熱的時候非常難受，我很害怕又像幾年前那次酷暑或是去年的六、七月。街頭空無一人，高溫逼得我們必須躲在陰影處喝水。儘管我屬於街頭比較幸運的人，我也不能沒有志工，而他們就在那兒，不必去找，他們會來找你。對他們來說，我們不是隱形人、可憐蟲，我們沒有傳染病，也不是下等人。我們也會受苦，需要鼓舞、被拯救。他們有時候會幫我們帶衣物或盥洗用品來，重點是會陪我們說說話，平心靜氣地，不會吼來吼去，不會欺負我們，這感覺真好。

我從來沒交過志工朋友，因為他們總是在變，我們並不和同一批人打交道。友好協會[1]比較特別，都是一些和我們住在一起的年輕人。即使我們是流浪漢，他們還是陪伴在我們身邊。我想他們屬於福音派。

我們經常孤立在街頭，獨自面對不一定友善的朝聖者，獨自面對人行道上的其他人：流浪漢、神經病、找碴王、毒蟲……就算有朋友，我們還是孤獨。所以這些志工出現，和我們說說話，就算只是問我們過得好不好、需不需要什麼東西，就非常激勵人心了。他們總是知道必要時該出現在哪裡。

多虧社會保險、民防大隊、愛心餐廳，我們的生活沒那麼辛苦了。我真希望可以見見柯律許[2]，他為我們做的事真是棒透了。

註1：L'Association pour l'Amitié，簡稱 APA，由一群自願與遊民分享公寓的年輕志工組成。

註2：Coluche，1944-1986，法國幽默大師、演員，本名是 Michel Gérard Joseph Colucci。他在一九八五年成立「愛心餐廳」（Restaurant du Coeur），提供免費食物給弱勢民眾。

◆社會補助

當然啦，這些年來我都受到社會局的幫忙。很久以前，我連續領了兩年的無收入戶生活補助。我也領過一次三千五百法郎的個人住屋津貼，同樣是很久以前的事。那個時候我們還在用法郎。

現在我領伴侶的積極互助收入津貼（RSA），每個月六百歐元，匯到我太太的帳戶裡，還有兩百歐元的住屋補助。如果一切順利，每天乞討十到十三個小時，包括星期天，我每個月可以掙到大約一千歐元。七、八月能討到的錢少了一半，但是聖誕節以及新年期間，有時候一天會有三百歐元，不過這並不是常態。

當我有地方住時，我也還撐得下去。我得支付暖氣、瓦斯、電氣、必要的房屋保險費，還有食物、地鐵票要買，孩子們也需要一些東西。我們的手頭常常很緊，錢用得非常小心，但事情就是這樣，我不抱怨。

幸好我沒有太多開銷，有些朝聖者會給我餐券，甚至也有食品行的店長會送我沒賣掉的食物。巴亞爾街那一帶有個賣披薩的小販，對我非常慷慨。在冬天裡，他送給我熱騰騰的披薩，讓人精神都來了。

至於醫療支出，這就比較難了。我太太得治療牙齒，但是我們負擔不起。我幾乎不買衣服，除了襪子和內褲以外，其他的別人都會給我。有一天，有人送我一套超有格調的名牌西裝——那傢伙發胖了，穿不下了，我占了他肥肉的便宜。西裝外套穿在我身上的確是鬆鬆垮垮，而且我得束緊腰帶，褲子才不會掉下來，但是我就像一輛全新卡車那樣帥氣。就連鞋子也會有人給我，有時候鞋底快磨透了，我就把它們補牢一點。球鞋就得自己買了。

不過我抽菸，一天至少一包。抽菸能讓我放鬆，但是香菸很貴，雖然有些朝聖者偶爾會塞菸給我。

我跟很多流浪漢一樣有手機，這樣我就能跟太太和孩子們聯絡。我每個月都會買一張十歐元的預付卡。我曾經斷斷續續有演出，我當過羅伯・何森的臨時演員，一直夢想能夠再站上舞臺，所以需要一個手機號碼讓人聯絡。唉，可惜始終都沒人打來說要給我一個角色。這個行業一定要有人幫忙。另外，碰到麻煩或是遇到攻擊的時候，有了電話可以讓我召集朋友。我們總是受到神經病的威脅，特別是天氣很熱的晚上。他們就像熱昏頭的跳蚤一樣亢奮，找我們的麻煩。

我當然從來不離開巴黎。我們很久以前去過諾曼第，度了一個星期的假，住在巴朗坦[3]的一級方程式旅館。超棒的假期，讚！

註3：Barentin，法國北部盧昂城（Rouen）附近的小鎮。

15 跟條子打交道

的確，我們跟條子不一定是朋友。我們不見得站在同一陣線上。條子過來趕人的時候，手段很強硬，會把我們攔下來問話，驅離現場，說什麼打擾到行人了，那些壞脾氣的人都跑去檢舉了！有時候條子的態度很蠻橫，跟他們討價還價或是繞圈子都只是白費力氣，他們才不鳥咧。他們是過來趕人的，所以他們趕走我們。

我睡在樓梯間的時候，經常得跟他們打交道。有時候很難嚥下這口氣，但是跟他們抬槓、囉哩囉嗦，或是花時間打包東西都是白搭。可是我會窩在樓梯上，就是因為外面很冷啊！而且我又沒發出聲音。不過他們才不管這些。

他們常常在我們之間出現摩擦的時候介入，然後完全不會跟我們客氣，也懶得知道誰錯誰對。他們甚至根本不在乎。他們不要看到有人打架滋事，而且如果我們不和解，他們就會把我們全部抓走。

跟條子打交道的規則很簡單：閉嘴，聽話，快閃，一定要表現得必恭必敬，不能侮辱他們。抱著這樣的態度，他們就會曉得要適可而止。

還有那些把人抓進楠泰爾收容所的「藍衣人」，碰到他們就要馬上開溜。他們可不是唱詩班兒童，別想糊弄他們，或是跟他們囉嗦。他們把人押上巴士，就這樣。

但是條子百百款。

自從我在第八區工作以後，對於那些條子沒有什麼好抱怨的。

我試著不要騷擾行人，只要明白人家不願意給錢，就不會纏著不放。我平心靜氣地乞討。就是因為如此，我跟這些條子之間相安無事。

我記得那個七月十四日，香榭麗舍大道上是黑壓壓的一片人海，鎮暴警察的車子沿著碧麗熙購物中心停放。國慶遊行結束了，軍人開始打包。我在鎮暴警察的注視下，在自己的老地方乞討。然後，我走過去找他們，請他們給我一點零錢。

天氣很晴朗，車門都大大敞開，他們在吃飯。我登上第一輛車，祝他們胃口大開，然後遞出紙杯說：「給我一枚銅板吃，謝謝。」他們開始大笑，我也跟著一起笑，卻不太清楚他們在笑什麼。我有點驚訝自己那麼大膽，這時他們其中之一大叫：「這是頭一次有人自願上我們的車！」我想都沒想自己在幹什麼，就拿著紙杯一排排走過去，他們又笑得更厲害。我收集了十五歐元，而且還拿到一個便當呢。他們都很和善。我們聊了一會兒，他們問我怎麼會淪落到在街頭乞討的地步。非常好的回憶。

夜裡經常會有「便衣」過來，問我有沒有察覺到什麼可疑的事，或是看見扒手……我當然不會打小報告，我又不是抓耙子或是警察的線民。不過，我偶爾會暗中透露他們在找的那個人的消息。他們常常提醒我，要是在這群夜貓子之中發現什麼可疑人物，要通知他們。我好幾次看見他們在蒙田大道上攔問扒手。有一些便衣警探很親切，尤其是羅宏和尼可。他們給我一支電話號碼，如果我有需要可以打給他們。

我在蒙田大道或碧麗熙碰到他們時，就一起聊個兩句。他們問候我冬天有沒有冷到，偶爾會在離開前給我一點零錢。

16 這是我的世界

我和芭芭拉一起住過十九區許多旅館。多虧了社會補助，我們租了一間很小的房間，沒有廚房，也沒有浴室，一天兩百五十法郎。這對我們來說是好大一筆錢，對旅館老闆來說則是個油水多多的事業。我們和她的兒子凱文一起在那裡住了差不多三個月。芭芭拉領最低薪資，剩下的由我貼補。

過了一段時間以後，市政府提供我們團結街上的社會住宅。那是一房一廳的公寓，而且還有淋浴間和廚房！我們沒有多少東西，只有一張我買給凱文的二手床和一臺舊電視。

芭芭拉和我打地鋪。我們找到二手床、冰箱和爐具，正在存錢買。那段日子很艱困，因為芭芭拉懷了我們的女兒。

這棟國宅裡面熱鬧滾滾：幾個年輕毒蟲竊占了大樓入口，他們吸毒吸嗨了，老是在夜裡大鬧特鬧。腦子真的壞掉了。

艾莉森出生一年後，我們搬到塞納—聖德尼省的羅曼城。這裡比較安靜，住起來也比較舒服。靠我和芭芭拉領取的補助以及我每個月乞討來的一千歐元，日子還過得下去。

我很希望能多賺一點，但是我早上十點前開始工作，從來沒有在晚上十一點前收工，包括星期天。我累得只剩半條命。

為了每個月有多一點進帳，每個星期二和星期五我會花二塊半歐元玩歐洲樂透，偶爾還會買一張刮刮卡或是賽馬券來試試手氣。我直到今天還是持續定期下注。

廣告說想贏就要下注，只有不下注的人才毫無勝算。這是真的。我有一次刮中了五百歐元、好幾次二十歐元，也中過五十歐元。我期待能獨吞獎金，聽說有些人抱走了數百萬歐元，真是羨慕死我了。至於賭馬，多虧咖啡廳裡隔壁那些人的建議，我的口袋多了八百歐元，有次甚至贏了一千歐元呢。我自然是慶祝了一番。

直到今天，我仍然深信克利希廣場上一家咖啡廳的老闆擺了我一道。我以為小贏了一筆橫財——我記不得確切數字，但是我的確中了。他說我搞錯了，留下那張彩券。當時我沒有起疑，可是後來一想，覺得自己被坑了。我回去找他，要把彩券拿回來確認，他說已經撕掉了，把我趕出去。

我喜歡街頭的氣氛，和其他人接觸，認識新朋友，愛到哪裡散步就到哪裡散步，沒有明確的目的地。

住在羅曼城的時期，雖然有個能睡覺的地方，但是我有時候不回家，整夜在外流連，和朋友乞討，一起殺殺時間，吃吃東西。累了的時候，就在長椅上打個盹，但是我很少累到睡死。

街頭是我的世界，是內心最深處的依靠。儘管困難重重、充滿暴力，是個無人理解的世界，我在那裡感覺很自在，冬天比夏天更甚。

當然啦，對某些人來說，我們是隱形人；對另外一些人來說，我們傷害了他們所謂的良心。因此他們輕蔑我們，或是憎恨我們。但是我們有時候也會碰上好事，遇到一些試圖幫助我們又不評論我們的人。

人在天氣冷的時候通常比較熱情，比較容易走過來跟我們說話，問我們過得好不好啊，是不是需要什麼東西啊，還為我們帶吃的來。夏天是遺忘的時節，特別是八月，那是陌生與遺棄的時刻。認識我們的那些人都走了，取而代之的是不認識我們、提防我們、害怕我們的觀光客。他們以為我們會搶他們的包包或是錢。觀光客因為經常成群走動，沒什麼好指望的。我們一接近，他們就出現一種敵視的群體反應，特別是中國人，他們什麼都要拍，有時候把我們視為當地風景那樣拍進相片裡，卻一毛不拔。

對某些人來說，夏天是愉悅的季節，是度假、狂歡的時節，對我們來說正好相反。巴黎被它的居民遺棄，街道少了它的常客而空蕩，正是這個時候我們真正意識到自己的孤獨。也是在這一整季，我們之中有很多人死掉。他們死於脫水、孤獨、飢餓，我們賺來的錢完全不夠餬口。

17 街頭變了

街頭成為我的專門領域已經二十多年了，這二十年來我一直在遞出紙杯乞討，取回一點零錢。我親眼看見它的變化有多大，氣氛完全不一樣了，充斥著激動、煩躁、不安。

經過我們身邊的人，手裡拿著或耳朵貼著手機，眼中沒有我們。他們忽視我們不是因為不想看見我們，而是心思在別的地方。

但是最顯著的轉變，來自那些跟我一樣在街頭乞討的人。

◆越來越多年輕女人

瑟西兒說她三十六歲，跟家人不和，已經斷了來往。她有一輛舊機車。為了活下去，她也乞討。

她告訴我，有時候她的日子真的很難過。她已經被攻擊過很多次了，而且那些死男人是很願意給她一點錢，只要她幫他們吹，或是讓他們摸幾把。但是瑟西兒不是妓女。

有一次她睡在停車場，被一些剛停好車的人踹了幾腳。他們從攻擊她直到她滾開中得到病態的樂趣。

偶爾會有一個女性停留在碧麗熙購物中心前，我不知道她叫什麼名字，大約四十好幾，也睡在停車場裡。

對她來說日子也很難熬。有一天她哭著過來，腿上青一塊紫一塊——她在睡覺的時候被人揍了。一群年輕人趁她睡在地上的時候，對著她一陣踢打。

揍一個女人比揍個男人要容易多了。

我很常在十一號線地鐵站裡碰到一個女性，她跟我一樣在終點丁香鎮站[1]下車。她隨身帶著家當，不跟人說話，看起來很害怕。她的年紀也不很大，顯然住在街上，非常髒，一靠近就能聞到濃濃的臭味。她看起來好可憐。

我給她一張五歐元鈔票，她拿了，驚訝地看著我，但是沒有力氣擠出笑容，也沒有力氣向我道謝。她會說法語嗎？我甚至不知道。她好像不知所措，但沒有人擔心。

好些日子以前，我跟最要好的朋友丹尼在一起。像他那樣的朋友，一生中遇不到幾個，特別是在我們這個世界裡。有一天，我想給他一個驚喜，請他上館子吃飯。我存好錢，在他生日那天，我們去皇宮附近的柯爾貝大廚（Grand

註1：Mairie des Lilas，位於巴黎東北近郊。

Colbert）吃午餐。廣告說這裡好吃又不會太貴。

我們經過皇宮廣場要去餐廳時，注意到一個女孩坐在長椅上，非常年輕，也許二十歲。她帶著一個大型旅行袋，看起來很絕望，眼神空洞。我很瞭解天塌下來、眼前只剩下虛無的那一刻。我不忍心，就給了她五歐元。

我們從餐廳回來時，她還坐在同一個地方，一樣徬徨無主。我和丹尼走過去跟她說話。她聽不懂法語，丹尼講了幾句破英文，總算知道她是巴西人，要去巴塞隆納和家人碰頭。她本來要在巴黎和一個可以讓她容易啟程的人見面，但是那人沒來。她在等那個人，身上已經沒錢了，也不曉得該怎麼辦。她絕望、害怕，又沒辦法跟別人溝通。

丹尼提議她去住他家，她接受了。她再也沒辦法睡在街上了，我想她一定吃了不少苦頭。

她聯絡上家人，五天後前往巴塞隆納。

◆更困難，更具攻擊性

從我開始乞討直到現在，街頭變了真多！氣氛都不同了，變得比較火爆，比較難生存。比起以前，我們更常遭到朝聖者侮辱。他們經常很暴躁，總是沒有時間，總是在跑，好像比以前更害怕。

最近發生了幾次恐怖攻擊，人們很明顯不在街上逗留了。碧麗熙購物中心比平常少了很多客人，因此紙杯裡就沒多少東西了。

◆強取豪奪的羅姆人[2]

成群結隊的羅姆人毫無顧忌地現身，強取豪奪。好些年來，他們大舉湧入，

註2：Rom，一支源自印度北部的古老流浪民族，有人稱他們吉普賽人，有人稱他們為波西米亞人。

想要把我們轟走，趕得遠遠的，就像這裡是他們家，我們是外國人似的。他們肆無忌憚，全是些令人無法忍受的黑幫份子。

第八區有越來越多羅姆人，他們都是犯罪集團。

有一幫羅姆人侵占了整條香榭麗舍大道，他們把一些女孩安排在富格餐廳（Le Fouquet's）和單一價超級市場附近的戰略位置上。她們乞討，身邊圍著一群小孩；其他女孩圍著觀光客，藉口要問問題，再摸走手機或是搜觀光客的包包。到了晚上，通常很晚，會有廂型車來接她們——我甚至看過一輛賓士。要是某些女孩沒有揩到足夠的錢，沒有賺到她該賺的，就必須留在原地。

包圍、監視她們的那些傢伙經常都一臉凶樣。

我們這一區裡，到處都有「撿到戒指的人」。這些女孩讓路人以為她們撿到一枚金戒指，然後跟你鬼扯，試著騙你的錢。這是一種無懈可擊的騙術。

未成年的塞爾維亞人遍布我們的地盤，特別是天氣好的日子。她們通常都穿得整整齊齊，以三人一組的團體行動。她們只要盯上從精品店走出來、那些身上總是帶著大量現金的觀光客，像是中國人或阿拉伯人，就會上前團團圍住，假裝迷路，給他們看地圖，藉機搜觀光客的口袋或包包，摸走他們的錢包。

一旦有人提醒她們條子來了，她們就會迅速開溜。她們都極有組織，有人在街角監視，警告她們條子來了。

她們在聖誕假期間很活躍。很多觀光客和外省的人來購物，她們知道這些人身上都有現金。

我也看過羅姆人當街賣起小狗或小貓，兩百歐元一隻。馬勃夫街上有年輕的羅姆女孩扮成穆斯林，只要注意到那些常在晚間流連香榭麗舍大道的阿拉伯人，就會哭哭啼啼倒在地上。

這些女孩會在晚上六點左右抵達，不會更早，她們都在夜間工作。幾個不笑的壯漢在前後左右陪著，牢牢監視著她們。

另一群十四、五歲的羅姆人經常在這個區域四處走動。他們都非常年輕，其中一個在馬勃夫街和法蘭西斯一世街的轉角就定位。他不斷用手機和團員聯絡，也許是為了在必要的時候幫上忙，像是搬救兵、通知他們條子來了。偷來的錢也是交給他，這樣子萬一同伴被攔下來，他們的身上也找不到贓物。

大家受夠了這群羅姆人，有時候會無情地攆走他們。

最近有位先生問我是不是羅姆人，我回答不是，他就給了我一枚銅板。這些羅姆人幫派都仔細調查過了，他們知道星期三、特別是星期六，耶拿大道上有個非常好的市集，於是來了一群假扮的帕金森氏病患、單腿人、帶著幼童或嬰兒的母親……我想到住在街頭的那一家人，總在星期三和星期六粗暴地招徠市集客人。

◆假的帕金森氏病患

有一對假裝得了帕金森氏症的男女，也在蒙田大道上晃蕩。他們手腳抖啊抖的，有時候抖過頭了，看起來很假，但是這一招還挺有效的。無數朝聖者上當，因為這對男女看起來好可憐，似乎很痛苦的樣子。

◆真的殘障人士

還有一個我們這種人很熟的黑幫在香榭麗舍大道橫行：那些瘸子或殘廢。缺手、斷腿、腳歪……我甚至還聽說有人——尤其是保加利亞人——為了在黑幫的地盤上工作，自願或是被迫截肢。

這個嚴密的組織來自於那些凶神惡煞的傢伙，他們在一旁監視，我們最好別太好奇，凝著他們。

我跟一個在蒙田大道乞討的保加利亞人交情不錯。他只有一條腿，我問他發生了什麼事，他說得了壞疽。後來他還是坦承是為了能在黑幫底下工作而自願被截肢，他在帕西街那一帶工作的妻子也是。他們掉進了非常嚴酷的天羅地網。他每天都得繳二十歐元給一名老鴇，至少他是這麼說的，不過這並非不可能。有一個幫派的混混，專門向那些在比較好賺的街道乞討的人要錢。他們會敲詐、抽稅，如果不接受，他們打起人來可不會手軟。

有了很多人手以後，乞討可以大撈一筆，收益很豐厚。這些混混明白這個道理，因此行乞變成一種很有搞頭的工作。對我來說，乞討是讓我能活下去的必要手段，但是對那些人而言，卻是一種發大財的方法。

這一帶有位仁兄也叫尚—馬利，跟我一樣。他沒有手，我不知道他發生了什麼事。年輕的羅姆人想趕走他，因為他搶了他們的生意，但是他毫不退讓。尚—

馬利能激發人們的同情心，所以比起那些小混混，路過的人更願意給他零錢。他的嗓門很大，他自稱曾經參加過合唱團，在教宗面前獻唱過，我不知道是不是真的。總之，只要羅姆人來騷擾他，他就放開喉嚨大叫，路人就會回頭，然後羅姆人就跑光光了。他就是像這樣為自己立威。

◆越來越多年輕人

我留意到年輕人一年比一年多，他們的年紀也越來越輕，男孩跟女孩一樣多。他們經常很難理解，也很凶暴，尤其是喝了酒以後。他們的酒量真是令人傻眼。他們卯起來灌啤酒，有時候不到一個晚上就能幹掉一瓶伏特加。在那種情況下，最好別跟他們糾纏。

◆地鐵裡的氣氛變了

以前在地鐵走道裡，常會看到娛樂乘客的音樂家或木偶師。天氣冷或下雨的時候，我偶爾會待一會兒，看他們表演或是聽他們演奏。對我來說，那是很愜意的消遣。如今他們不在了，都被趕跑了。真可惜，其實很不賴哩，而且又沒有傷害到別人。

一九九〇年代的電車車廂裡，有些聾啞人士會兜售卡片、鑰匙圈來換取一些銅板。他們也被趕走了，取而代之的是一小群、一小群的羅姆人來向你們乞討。他們經過的時候，會偷偷摸摸扒走你們的東西。他們製造出一種令人無法忍受的不安全感，激怒了乘客。

我從來不在地鐵站裡乞討，我不是那種人。我比較喜歡在外面工作，勝過在地底下度過一天、在車廂裡來回走動。地鐵裡面的乘客壓力都很大，他們會怕，而且很多黑幫份子會派一大堆人去乞討，又不容許別人來攪局。地鐵是個私有獵場，像我這種單打獨鬥的，很難進得去這麼險惡的地方。

◆尋找新的領地

一個地方一旦變得很有賺頭，很快就會被盯上，然後其他人就會來參一腳，勸退他們並不容易。太多人待在一個角落乞討向來不是好事，朝聖者會怕，會加快腳步。碧麗熙購物中心有時候就是這個樣子，儘管這裡對我來說依然是一個不錯的地點，因為我在那裡是老面孔，有一群顧客喜歡我，而且有些人老早以前就注意到我了。這一區的警察知道我既不惹麻煩，也不喝酒了，所以不會來煩我。

但是，我一向明白不可以把雞蛋放在同一個籃子裡，所以都在找新的地方。

星期六早上，有時加上星期三，我會走遍十六區的耶拿市集。在那些小販眼裡，我不會惹禍。賣菜的妮可對我超好，前不久還送了我一盒蛋糕，甚至幫我準備過一餐熱食。她不是特例。如果他們拜託，我會到餐廳去幫他們買熱咖啡回來。

星期六去耶拿市集閒逛的朝聖者通常都很慷慨，我認識其中一些人，他們住在這一帶，有時候我會在街上或是碧麗熙碰到他們。我經常在那裡遇到羅伯・何森，他對我還是一樣親切。我也常常遇到一位樂善好施的先生，有個小販說他是知名作家。他總是會給我一張紙條和零錢。

好一陣子以來，我會在接近晚上十一點的時候到第一區的柯雷特廣場[3]，站在法蘭西劇院門口，很快就能收集到十歐元。散場以後，很多人一到外面就會馬上點菸。他們好快活，等這根菸等了好久，所以會送我一點零錢。

我通常就是這樣結束一天的工作。

註3：Place Colette，巴黎皇家宮殿前的廣場。

18 為明日焦慮

直到最近都和我一起生活的芭芭拉，已經憂鬱了四年。她沒再工作了。她的兒子凱文，我從他四歲起養到現在，如今是碧麗熙的員工。我很高興他被雇用，老闆人超好的。他工作得很順利。我很開心他有一份穩定的工作。

我和芭芭拉有個女兒艾莉森，她十七歲，高中二年級，今年考完文組高中會考。她想當心理學家，我很為她驕傲，她很用功。我們很少談及我做的事，她不是很喜歡。但是我很愛她。她還跟她媽媽住在一起。

很久以來，我的孩子都不知道我到底做什麼工作。他們看著我在早上離家，晚上回家。那個時候我和芭芭拉住在羅曼城，已經不是遊民了。

我不想跟他們聊我的工作內容，只要他們不問我，就再好不過了。

學校裡有人問起他們的父親從事什麼行業，他們回答不知道。

我沒辦法繼續對他們的問題含糊其辭，只能告訴他們「我在外面討生活」。我想出來的這番說辭，讓我不必對他們直言我在乞討，說我是個乞丐。面對老師和朋友們更仔細的發問，我教他們應該回答我在餐飲業工作。

然後，他們漸漸知道我實際上在做什麼了。

一開始他們不懂為什麼我沒有一份比較正常的職業，但事情就是如此，現在他們也習慣了。

在我和芭芭拉居住的羅曼城街上，有一些鄰居知道我在做什麼，至少我很確定這些人知道，但是並沒有惹來麻煩。

最近，就是去年四月，我決定離開，離開我的家，拋下一切，再次窩進孤獨之中，睡在任何可以棲身的地方。

我在那個家裡待不下去了。要離開我女兒最困難，可是她十七歲，很快就要自立了。我希望她能懂我。我受不了了。我一直想著她。

我的離家並不順利。有一晚我回到家，芭芭拉把我的東西全扔了。我沒有襯衫，也沒有長褲，僅剩的衣物就是身上穿的這套，還有我唯一一雙鞋子。

我當然沒有存款，只有五歐元和我的儲蓄帳戶。

所以啦，我東西拿一拿就走人了。唯一能找到的旅館位於聖殿郊區大道，房間加上淋浴間和電視，每晚花我五十歐元。

這個價格對我來說是天價，所以我比以前花更久的時間乞討。除了希望做得久一點能多賺一些，沒有別的辦法。

我不知道我早上離開旅館後，晚上能不能賺到足夠的錢回來。目前還可以，我每天能湊到八十歐元。我很幸運，而我知道幸運之神不會永遠對我微笑，經驗教會我這個道理。就拿夏天來說吧，比較難討得到錢，可是我不想再睡在街上了。我沒那個勇氣了，也沒有力氣。每天我都焦慮地算了又算，看看自己存了多少錢。

有一位先生多年來經常走過我身邊，我們彼此很面熟。他送了一些舊衣物讓我換穿，那一刻我真是幸福得要命。另一位先生給了我兩次五十歐元，我不只能在旅館睡兩晚，還能存一點錢。

街頭、房客全都一貧如洗的小旅館，又變成我的命運。我就是無法自拔。

後記

我們來到了這篇未竟人生的故事尾聲。多虧了尚—馬利，我挖掘出埋藏在一個人內心最深處的獨特故事，發現了一個我看不到的世界。

在我們屢次見面的這段期間，他從來沒有抱怨過社會。他接受自身的遭遇，從不怨天尤人。我從未聽他說過刻薄話。他既不埋怨自己的過去，也不哭訴目前的處境。他確實很遺憾自己沒有母親，而他所喜愛、崇拜的父親因酗酒而態度惡劣，但是他仍然展現出自重的精神。

尚—馬利是個聰明人，腦筋清楚，他原本可以嚮往另一種命運，而不是泰半的人生都在伸手，湊幾個小錢，在巴黎的鋪石路上沿街乞討好幾個鐘頭，過著節衣縮食的日子，視情況過夜。

他真的有選擇嗎？

從他的故事可以清楚看出，混亂的童年所留下的傷痕從來不曾癒合。他的少年時代缺乏愛，這件事仍舊折磨著他，而街頭的殘酷現實讓這段不公平的童年經驗再度浮現。他提起子女的口吻溫柔、靦腆又自豪。

顯然在還來得及的時候，他不懂得抵抗，或是無法抵抗。他隨著人生的波浪沉浮，沒有試著反抗，或是不能反抗，任憑水流把他送往原本該去的海角對面！

他在幾年內成為乞討的行家。他會換一個區域或是一條街，看哪個地方比較有利可圖；他懂得利用幽默感來吸引顧客；為了不嚇跑顧客，他總是客客氣氣，向顧客提議幫忙看車子，讓他們去買東西；他對冒犯的批評不予置評……

一開始，乞討幾乎是個遊戲，後來變成他的職業，而他似乎相當得心應手。在鈴蘭花的時節，他設法以低價買花再轉賣掉，賺取額外的利潤。

他絕對不是一個唱詩班兒童。他知道如何防衛自己，有時候不必等到挨揍就先動手。

此外，社會補助讓他今天不必露宿街頭、竊占空屋或是睡在地鐵裡，甚至有簡樸的社會住宅可以住。

然而因為家庭失和，他重新回到命運的懷抱，臣服在街頭人生的混亂下，把自己交給黑心房東，無力改寫自己的人生故事。

●

和尚—馬利見面的期間，我不斷懷疑他的誠心——他是不是有點過於粉飾他的故事了。

我常常問他快不快樂，有沒有思索過自己的未來。他是否因習慣而安逸，貪圖依例行事的方便？他是不是能夠換一條跑道？

四十七歲的他，一整天都在向「朝聖者」乞討，仰賴行人的慷慨，晚上則視情況以及乞討的收獲多寡，決定睡覺的地方。這種日子他還能再過多久？

他還會有重新振作的力氣嗎？還會有及早改行的決心嗎？他還能做什麼呢？

這個問題，我自然也問他了。他希望有一天能開一家可麗餅店。這是他的夢想。但是他能達成嗎？他有能耐接受做生意的束縛，不會有失去「他的自由」的感覺嗎？

目前那個世界終究是適合他的，他相信自己在那個世界裡自由自在。

但是他也注意到那個世界在變化，明白它在轉變。街頭就像其他地方一樣，有競爭和衝突，越來越不講道理，越來越暴力。新一代驅逐老一代。

對某些人來說，乞討不再是個避風港、最後的出路，而是一個值得攻占的市場，一個必須強行攻入並消滅競爭對手的地方。

孤窮、赤貧、驅逐的現象越來越明顯，越來越赤裸裸地暴露出來，逼迫某些人離開他們的國家，去其他地方尋找他們無法在本地找到的東西。

尚—馬利不會跟其他人一樣被淘汰，被迫墮落，並且淪陷在一個越來越深、越來越絕望的悲慘境地之中嗎？

尚—路易・德布雷

一起來　光 005

我的街頭人生

JE TAPE LA MANCHE《Une vie dans la rue》

作　　者：尚－馬利 ・ 胡戈爾（Jean-Marie Roughol）
　　　　　尚－路易 ・ 德布雷（Jean-Louis Debré）
譯　　者：張喬玟
責任編輯：楊惠琪
製作協力：蔡欣育
出版經理：曾祥安
社　　長：郭重興
發行人兼出版總監：曾大福

編輯出版：一起來出版
發　　行：遠足文化事業股份有限公司
　　　　　www.bookrep.com.tw
地　　址：23141 新北市新店區民權路 108-2 號 9 樓
客服專線：0800-221029
傳　　真：02-86671065
郵撥帳號：19504465
戶　　名：遠足文化事業股份有限公司
法律顧問：華洋國際專利商標事務所　蘇文生律師
初版一刷：2016 年 10 月
定　　價：280 元

JE TAPE LA MANCHE《Une vie dans la rue》
by Jean-Marie Roughol & Jean-Louis Debré

國家圖書館出版品預行編目資料

我的街頭人生 / 尚 - 馬利 . 胡戈爾 Jean-Marie Roughol》,
尚 - 路易 . 德布雷（Jean-Louis Debré）著 ; 張喬玟譯 .
-- 初版 . -- 新北市 : 一起來出版 : 遠足文化發行 , 2016.10
　面；　公分 . --（光 ; 5）
譯自 : JE TAPE LA MANCHE: Une vie dans la rue
ISBN 978-986-92353-9-6（平裝）
1. 胡戈爾（Roughol, Jean-Marie）2. 傳記

784.28　　105011588